PERFORMING ARTS PR & MARKETING

공연홍보마케팅 매뉴얼 A to Z

저자 | 이은미 · 최여정

도서출판 청람

머리말

〈예술경영학 공연기획실무〉(2016, 도서출판 청람) 이후 공연홍보마케팅에 관한 책을 쓰기로 결심했지만 급변하는 홍보마케팅의 변화를 담아내기는 어려웠습니다. 하지만 용기내어 이 책을 쓴 이유는 공연현장에서 활동하고 싶은 꿈을 가지고 예술경영을 전공하기 위해 대학을 들어온 학생들이나 대학을 졸업하고 바로 공연단체에 입사하는 신입 기획자나 홍보 담당자들이 참고할 만한 책이 부족하다고 판단되었기 때문입니다. 이 책도 몇 년 후면 그때의 변화와 흐름에 뒤쳐질 수 있지만, 최대한 지금의 흐름을 반영하고 몇 년이 지나도 공연의 홍보와 마케팅에서 꼭 필요한 개념과 이론 그리고 그에 맞는 사례들을 제시하고자 노력하였습니다. 이전의 예술경영은 미국이나 유럽의 흐름을 따르거나 일반 경영 분야의 변화보다 다소 느리게 변화하였다면, 이제는 발 빠르게 사회의 변화에 대처하면서 발전하고 있습니다. 공연홍보와 마케팅 분야의 변화는 바로 관객을 소중히 여기는 전제하에 가능하다고 판단됩니다. 공연을 완성시키는 관객이야말로 공연홍보와 마케팅에서 가장 중심이 되기 때문에 공연홍보마케팅 담당자는 사회의 변화에 가장 민감해야 하며, 열정을 가지고 다양한 시도를 통해 공연작품이 빛을 볼 수 있는 환경을 조성해야 한다고 생각합니다. 마지막으로 흔쾌히 제안을 받아주어 3년 동안 이 책을 함께 준비하면서 현장의 변화를 담아주고 이 책이 발간될 수 있도록 채찍질해준 공저자인 최여정에게 깊은 감사를 표합니다.

2020년 7월

이은미

다양한 문화예술현장에서 일을 했지만 저의 관심사는 늘 '관객'이었습니다. 어떻게 하면 이 공연에, 이 축제에, 이 예술현장에 관객들이 관심을 가지고 오게 만들까. 그 고민의 결과를 이 책에 담았습니다. 공연에 홍보마케팅이라는 개념이 중요하게 이야기가 된 것은 사실 오래되지 않았습니다. 미국에서 시작된 예술경영이라는 관점에서 공연홍보마케팅을 실행하던 노력은 이제 바뀌어야 할 때입니다. 지금, 한국의 공연예술산업에 맞는 홍보마케팅 전략을 이야기할 때입니다. 그동안 국내에 번역된 홍보마케팅 책들이 대부분 미국 예술경영 책이고, 번역본이 오래 된지라 국내의 현실과 맞지 않아 아쉬운 점들을 보완하여 책을 썼습니다. 원론적인 이야기보다는 공연홍보마케터가 되기를 원하는 학생들이나 신입직원들에게 실질적으로 도움이 될 수 있는 안내서가 되도록 구성했습니다. 특히 급변하는 온라인 환경에 따라 생동감 있게 움직이고 있는 공연현장을 실무자 입장에서 짚어보고, 사회적 변화요인에 가장 민감하게 영향을 받는 다양한 문화 현상까지 더해 큰 눈으로 바라볼 수 있는 안목을 키우도록 돕고자 했습니다. 또한 '알아두면 유용한 홍보마케팅 용어', '공연홍보마케팅 이슈' 등을 넣어 전문적인 경영학적 접근과 공연현장의 다양한 성공사례를 통한 실무감각을 동시에 갖출 수 있도록 했습니다. 이 책이 공연홍보마케터를 꿈꾸는 많은 분들에게 실질적인 도움이 되기를 바라며, 공연예술 현장에서 만난 오랜 인연으로 많은 이야기를 나누고 함께 책을 내도록 이끌어주신 이은미 교수님께 감사드립니다.

2020년 7월

최여정

차례

CHAPTER 1

공연예술과 관객

CHAPTER 2

공연홍보마케팅과 사회적 관계의 이해

CHAPTER 3

공연 커뮤니케이션

CHAPTER 4

공연홍보와 마케팅의 역할

CHAPTER 5

온라인 홍보마케팅

CHAPTER 6

홍보인쇄물의 종류 및 이해

CHAPTER 7

공연홍보인쇄물 제작과정의 이해

CHAPTER 8
언론홍보

CHAPTER 9
보도자료 작성법

CHAPTER 10
마케팅

Chapter 1

공연예술과 관객

1. 공연홍보마케팅이란
2. 공연예술의 재화적 특성
3. 공연홍보마케팅의 기본, 관객 분석

1. 공연홍보마케팅이란

공연예술의 원형인 연극의 3요소로 희곡, 배우, 관객을 꼽는다. 오늘날 연극을 포함한 무용, 음악 등 공연의 4요소 역시 예술작품과 예술가, 무대 그리고 관객을 꼽는다. 이렇듯 예나 지금이나 공연예술에서 관객은 예술가에 버금가는 또 다른 주인공이다. 공연은 관객과 함께 교류하면서 완성되기 때문이다. 더 나아가 관객은 작품의 질을 한 차원 높이는 데도 기여한다. 공연에 대한 이해와 감상의 깊이는 다른 수준 높은 관객이 함께 할 때 분명 같은 작품도 다른 감동을 자아내는 경험을 하게 한다.

우리나라 공연법에서 '공연'은 "음악·무용·연극·연예·국악·곡예 등 예술적 관람물을 실연(實演)에 의하여 공중(公衆)에게 관람하도록 하는 행위를 말한다. 다만, 상품 판매나 선전에 부수(附隨)한 공연은 제외한다"고 언급하고 있다. 여기서 '공중'은 바로 우리가 언급하고 있는 관객을 의미한다. 공연(公蓮)의 사전적 정의 역시 "음악, 무용, 연극 따위를 많은 사람 앞에서 보이는 일"을 의미한다. 여기에도 '많은 사람'은 공연의 관객을 의미하는 것으로 관객의 유무야말로 온전한 공연을 이루는 가장 중요한 요소이다.

또한 공연예술단체의 재원 조성에서도 관객의 관람료 수익은 가장 큰 비중을 차지한다. 그래서 관객확보는 공연단체의 지속을 가능하게 하는 원동력이다. 예술가들은 작품을 만들 때 언제나 예술성과 대중성의 갈림길에 놓여 있고, 예술가들에게 관객을 의식하라는 기획자의 주문은 자존심이 상하는 것으로 여겨질 때도 있었지만 이제는 관객들과 함께 공연을 만들어간다는 인식하에 다양한 관객개발 시도가 이루어지고 있다. 이런 이유로 보다 효율적인 공연홍보마케팅에 대한 적극적인 고민이 필요하다.

공연예술의 홍보마케팅은 다른 산업군과 다른 접근이 필요하다. 제품이 아닌 공연예술이라는 경험재와 서비스를 다루기 때문에 그 특성을 파악해야 하고, 한정된 재원 때문에 마케팅의 가장 고전적인 방법인 광고를 자유롭게 할 수 있는 여건도 아니다. 홍보마케팅 환경의 변화에도 민감하게 반응해야 한다. 기존의 레거시 미디어(legacy media, 신문과 지상파방송 등 전통미디어) 홍보마케팅을 벗어나 디지털 매체의 다양화에 따른 플랫폼별 전략을 세워야 한다. 어느 사회든 문화예술은 생사의 문제와 직결되지 않고 생필품처럼 늘 소비해야 하는 것도 아니기

알아두면 유용한 **홍보마케팅 용어**

● **레거시 미디어(legacy media)**

웹 기반의 새로운 미디어 플랫폼인 유튜브, SNS, 온라인 뉴스와 다르게 기존의 TV, 라디오, 신문 등 전통적 미디어를 레거시 미디어라고 한다. 레거시(Legacy)란 정보시스템에서 낡은 하드웨어나 소프트웨어를 통틀어 이르는 말로, 새로운 기술이나 방법에 대비되는 의미로 주로 사용한다. 즉 레거시 미디어는 현재에도 여전히 사용되지만, 과거에 출시되었거나 개발된 오래된 대중매체를 지칭하며, 중앙집중화된 일방적 기술로 대중에게 전달된다. 하지만 웹 기반의 뉴미디어기술은 상호작용적이고 정보전달공급체계가 분산되어 있어 서로 통신하고 교환하는 방식이라는 점에서 큰 차이가 있다.

● **관여도(involvement)**

경영학에서 소비자행동론의 개념 중 하나이다. 재화 혹은 서비스를 구매할 때 소비자가 정보탐색에 시간과 노력을 기울이는 정도, 즉 관심도의 수준을 의미한다. 소비자들은 제품을 선택할 때 많은 시간과 노력을 들이기도 하고, 별다른 고민 없이 바로 결정을 내리기도 하는데, 제품의 종류나 가격, 구매목적에 따라 달라지게 된다. 이렇게 재화나 서비스에 관심을 가지는 정도에 따라 저관여 구매행동(low-involvement buying behavior)과 고관여 구매행동(high-involvement buying behavior)으로 나누는데 저관여 구매행동은 소비자가 재화나 서비스에 대해 관심이 적고 중요성도 떨어져 구매 전 정보탐색 과정이 짧은 경우이다. 일반적으로 가격대가 낮고 습관적으로 소비하는 제품, 즉 생필품 등이 대표적인 예이다. 고관여 구매행동은 소비자가 구매 전 많은 시간을 들여서 정보를 탐색하는 경우이다. 비교적 고가이면서 구매빈도가 낮을수록, 브랜드 간 기능이나 디자인에 차이가 뚜렷할수록 고관여 구매행동이 나타나며, 고가의 자동차, 주택, 금융상품 등이 대표적이다.

때문에 고관여로 분류할 수 있다. 마케팅에서 '관여도'란 상품을 대하는 소비자의 태도수준을 의미한다. 쉽게 말하면 소비자가 상품이나 서비스를 구매할 때 고민하는 정도가 높으면 '고관여', 고민하는 정도가 낮으면 '저관여'라고 할 수 있다. 자동차, 가전제품 등이 대표적인 고관여 제품이고 휴지, 치약 등 생필품이 대표적인 저관여 제품이다. 하지만 여기에서 중요한 것은 '관여도'의 상대적 개념이다. 소득수준에 따라 고관여와 저관여가 달라질 수 있기 때문이다. 타깃이 상품 및 서비스를 대하는 관여도에 따라 마케팅전략이 달라질 수 있기 때문에 관여도에 대한 이해는 중요하다.

2. 공연예술의 재화적 특성

1) 소비재(consumption goods)

일반적으로 소비재는 인간이 욕망을 충족시키기 위해 일상생활에서 직접 소비하는 재화를 의미한다. 공연은 관객이 객석에 착석했을 때 공연이 이루어지는데, 즉 공연의 생산과 소비가 동시에 일어나는 특징이 있다. 서비스분야도 이처럼 생산과 소비가 함께 이루어진다. 공연은 관객의 기대를 뛰어넘는 새로운 경험을 제공하면서 생산과 동시에 소비되고 관객들에게는 공연의 감동을 전한다.

2) 경험재(experience goods)

경험재란 경험을 하기 전에는 그 가치를 평가하기 어려운 재화이다. 예술에 대한 선호는 후천적으로 오랜 기간에 걸친 경험에 의해 발현되는 대표적인 경험재다. 어떤 공연을 보고 나서야 그 가치를 평가할 수 있기도 하다. 만약 자신이 관람한, 경험한 공연이 가치가 있다고 판단되면 가격에 상관없이 반복 관람이 이어지게 되는데 회전문관객이 나타나는 현상도 이러한 이유 때문으로 해석할 수 있다.

3) 가치재(merit goods)

가치재란 민간부문에서 생산 및 공급하지만 이윤극대화 논리에 따른 생산량이 최적수준에 미치지 못해서 정부가 직접적으로 공급에 개입하는 재화이다. 소득이나 교육수준에 관계없이 모든 사람들이 소비가 필요하다고 생각되기 때문에 개인 소비가 사회에서 요구되는 기대에 미치지 못하는 경우 정부가 시장의 생산과 소비에 개입한다. 교육, 의료, 주택 등이 가치재인데 예술도 이에 속한다. 반면, 비가치재(demerit goods)는 정부가 특정 재화의 생산·소비를 규제하고자 하는 것으로 담배, 술, 마약 등을 들 수 있다. 정부예산으로 공급된다는 점에서 '공공재'와 혼동이 될 수 있지만 가치재는 재화소비에 경합성(한 소비 주체가 재화를 소비할 때 다른 소비 주체가 재화를 소비할 수 없음)이 있고 배제(소비 주체를 재화의 소비로부터 배제)가 가능하다는 점에서 큰 차이점이 있다.

4) 현장성(present sense)

공연은 무대 위의 예술가와 객석의 다른 관객과 함께 한정된 공간에서 감동을 공유하면서 감정의 즉각적인 반응이 일어나는 현장일 뿐 아니라 공연장이나 무대현장에 직접 가서 참여하기 때문에 현장성이라는 특성이 있다. 하지만 바쁜 현대인들에게 미리 시간을 할애해서 예매를 하고 정해진 장소와 시간에 맞추어 가야 한다는 부담이 생길 수밖에 없다. 또한 기술발달로 인해 VR, AR, 음성인식뿐 아니라 기술과 문화를 접목한 CT(culture technology) 무대의 적극적인 도입이 활발하게 일어나고 있다. 이는 기존 공연 관람의 방법 및 현장성에 또 다른 대안을 제시할 것이다. 따라서 공연홍보마케팅에서는 이러한 변화 속에서 관객참여율을 높이기 위한 새로운 시도에 대한 고민이 필요하다.

5) 가격차별성(price differentiation)

공연은 한 작품을 좌석의 위치에 따라 관람료 차등을 두어 판매한다. 그리고 공연날짜, 캐스팅에 따라서도 관람료의 가격이 달라지기도 한다. 또한 공연장르에 따라 관객들의 선호 좌석이 달라지기도 한다. 보통 공연 예매 현황을 보면 가장 시야가 좋은 좌석이 가장 비싼 좌석으로 등급이 매겨지고 가장 먼저 판매가 된다. 그 다음으로는 공연장의 사이드나 꼭대기층에 있는 가장 싼 좌석이 팔리는 순으로 나타나고 가운데 등급의 중간가격대가 가장 늦게 판매되는 현상을 보인다.

6) 노동집약성(labor-intensiveity)

공연은 사람이 직접 무대에 올라 연기를 하고 연주하기 때문에 공연제작비에서 인건비가 차지하는 비중이 높을 수밖에 없다. 그리고 출연한 예술가들은 긴 시간 교육과 훈련을 통해 무대에 서기 때문에 다른 인력으로 쉽게 대체될 수 없을 뿐 아니라 개개인의 예술성이 가치로 평가된다. 또한 공연을 만드는 무대 뒤의 스태프의 인건비도 상당하다. 그렇기 때문에 공연은 대표적인 노동집약적인 상품이다. 이에 따라 공연 관람료도 영향을 받게 되고 수십만 원을 웃도는 콘서트나 오페라도 등장하면서 관객들의 입장에서는 관람료의 부담이 소비하기 힘들어지는 걸림돌로 작용한다.

알아두면 유용한 **홍보마케팅 용어**

● **기대-성과이론**

필립 코틀러는 예술상품의 심리적 특성과 관련해서 심리학에서 발전한 기대-성과이론을 활용해서 예술상품의 구매 후 행동특성을 설명했다. 기대-성과이론은 당초 기대에 부응할수록 만족감이 증대한다는 것이다. 예술상품은 경험재적 특성으로 인해 경험, 즉 관람하기 전까지 막연한 기대만 갖게 되다가 그 기대가 충족되지 못하면 만족감은 크게 떨어진다. 그렇기 때문에 지나치게 과장을 하면 안 된다. 즉 아직 관람하기 전인 관객들에게 공연의 어떤 점을 주목해야 하는지 안내하고 일정한 기대를 형성하게 하여 관람 만족감을 높일 수 있도록 해야 한다.

3. 공연홍보마케팅의 기본, 관객 분석

1) 우리나라 국민들의 문화예술 향유 실태는?

● 역대 최초 문화예술 관람률 81.8% 기록, 평균 관람횟수 5.6회

문화체육관광부와 한국문화관광연구원이 공개한 '2019 국민문화예술활동조사' 결과에 따르면 2019년 조사결과 우리나라 국민의 지난 1년간 문화예술행사 관람

문화예술행사 관람률 추이(단위: %)

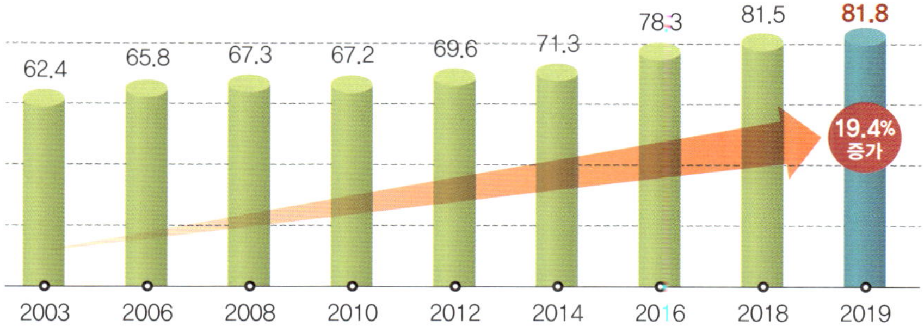

출처: 문화체육관광부

분야별 문화예술행사 관람률 추이(단위: %)

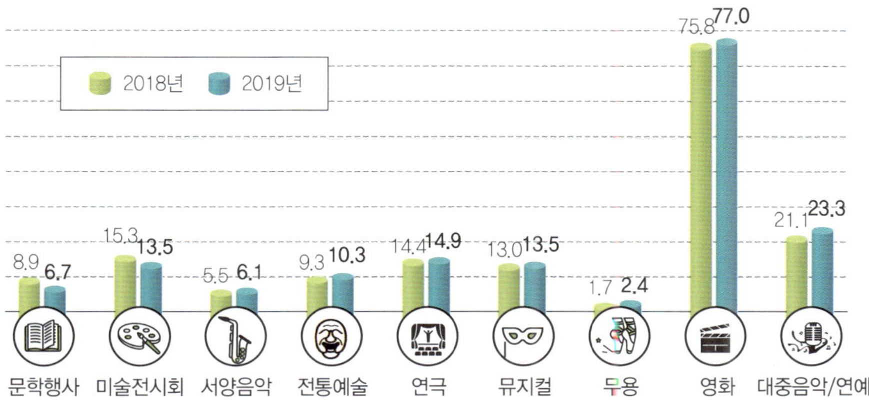

출처: 문화체육관광부

률은 81.8%로 2003년 62.4%에서 16년 만에 19.4% 상승하였다. 이처럼 문화예술 행사 관람률이 높아진 것은 소득의 증대를 반영하고 토요 휴무제 도입, 주당 근로 시간의 축소, 자기개발 투자 등의 이유가 반영된 것으로 보인다.

● 전 분야 관람률 상승, 대중음악/연예·문학행사 증가폭 높아

문화예술행사별 관람률은 전반적으로 증가하였는데, 가장 증가한 분야는 대중음악/연예로 2018년 대비 2.2% 상승하였다. 한류를 이끄는 아이돌그룹의 세계 진출 등 국민들의 관심도가 높아진 때문으로 풀이된다. 그 다음은 영화 1.2%, 전통예술 1%, 무용 0.7% 순으로 증가하였다. 영화는 2003년 53.3%에서 조사 때마다 꾸준히 증가해 한 번도 줄어든 적이 없다.

연간 문화예술 관람횟수는 6.3회로 2003년의 4.5회에서 1.8회 높아졌다. 이 중 대부분을 차지하는 것이 영화 관람이다. 영화는 평균 4.6회, 문학이나 미술, 연극, 뮤지컬, 음악, 전통예술, 대중음악 등은 0.1에서 0.5회에 그쳤고 무용은 0.06회였다. 다른 분야에 비해 심하게 영화에 대한 편중 현상이 크게 나타나고 있다. 영화가 문화예술 영역에 포함되기는 하지만 국민 대부분의 문화활동이 영화 관람으로 편중되어 순수예술 진흥을 위한 관심으로 이어지지 못하고 있는 현실이다.

● 읍·면지역 문화예술 관람률 크게 상승, 대도시·중소도시와의 격차 다소 완화

지역별로 살펴보면 읍·면지역의 문화예술 관람률은 2016년 대비 5.7% 상승한 71.4%로 조사되어 대도시(84.1%), 중소도시(84.6%)와의 관람률 격차가 나타났다. 중소도시의 경우는 2018년에 비해 2.5% 증가하였다.

● 월 200만 원 미만 소득가구 관람률 대폭 상승, 소득별 격차는 여전

월평균 가구소득별 문화예술 관람률은 100만 원 미만인 경우 51.7%, 100~200만 원 미만 60.4%로, 2016년 대비 각각 20.8%, 14.7% 상승하였으나, 월평균 600만 원 이상 가구의 문화예술 관람률 92.5%와 비교할 때 격차가 있는 것으로 조사되

지역별 문화예술행사 관람률(단위: %)

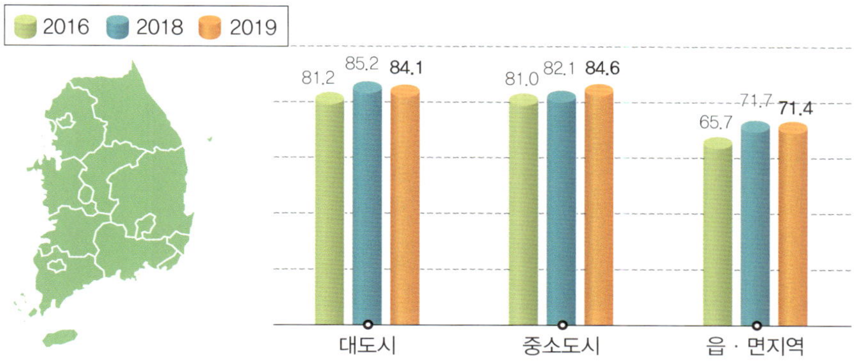

가구소득별 문화예술행사 관람률(월평균 가구소득, 단위: %)

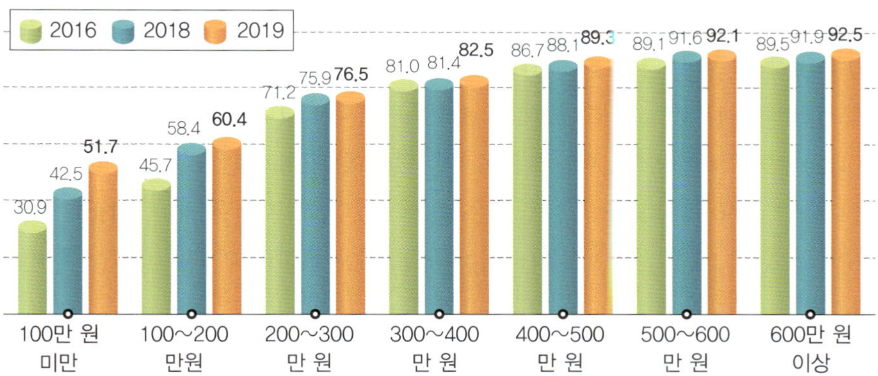

었다. 고소득 가구일수록 문화예술 향유의 폭이 넓다는 것을 보여주고 있다.

• 60대 이상 관람률 증가폭 가장 높아

주목할 점은 연령별 관람률이다. 우리 사회에 노령인구층의 증가에 따라 60대 이상의 상승폭이 2018년 두드러지게 나타났다. 문화예술 관람률은 2016년 대비 60대는 9.2%, 70세 이상은 10.5% 각각 증가하여 60대 64.9%, 70세 이상 49.9%로 나타났다. 그러나 여전히 문화예술행사의 참가율이 제일 높은 연령층은 15세 이

연령별 문화예술행사 관람률(단위 : %)

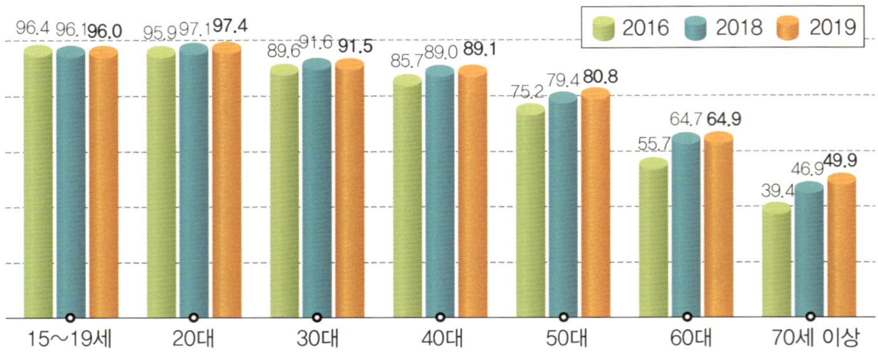

상 20대 청년층이다.

공연 장르별 관객의 연령을 살펴보면 서양음악은 15~19세 8.1%, 30대 7.0%, 20대 6.7% 순으로 나타났다. 전통예술은 70대 이상 관람률이 15.3%로 가장 높았고, 60대가 12.7% 그리고 50대 12.4% 순으로 나타났다. 연극은 20대가 24.2%, 30대는 19%, 40대가 15.5% 순으로 나타났는데 20대의 관람률은 2016년 대비 감소하였고 40·50·60대의 관람률은 증가하였다. 뮤지컬은 30대 21.8%, 40대 16.4%, 20대 16.1% 순으로 나타났는데 40·50·60대의 관람률이 증가하였다. 대중음악·연예는 20대 28.5%가 가장 높았고, 15~19세 27.9%, 50대 24.2% 순으로 관람하는 비중이 높은데 40대 이상 70대까지 관람률이 증가하고 있는 특징이 있다.

● 다양한 문화예술 프로그램 확대 및 관람료와 접근성 고민 필요

좀 더 자세하게 문화예술행사에 대한 응답자들의 의견을 살펴보자. 먼저 문화예술행사 참가에 대한 걸림돌을 묻는 질문에는 시간부족이 29.9%이 가장 높았고 비용문제가 24.5%, 그리고 관심 프로그램이 없다는 답변이 15.2%, 정보부족 9.6%, 그리고 접근성 문제가 9.6% 순으로 나타났다. 문화예술행사의 관객입장에서 보완될 부분 중 가장 많은 응답자인 32.0%가 관람비용을 지적하고 있다. 그

문화예술행사 관람 걸림돌(단위 : %)

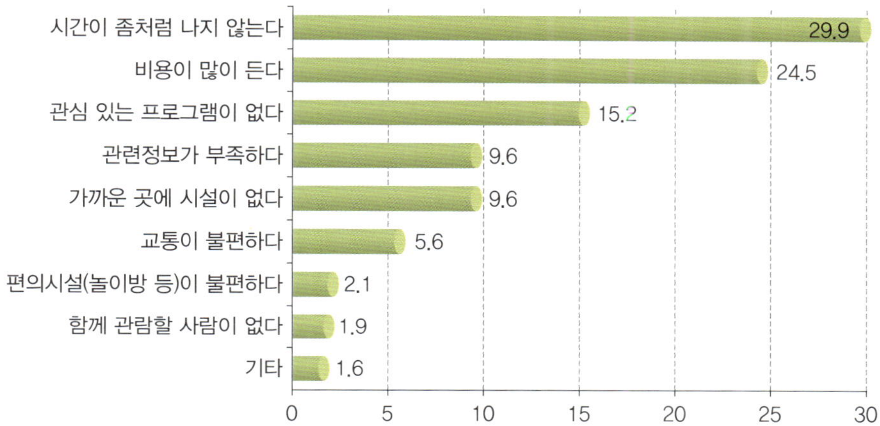

문화예술행사 보완이 필요한 부분(문화예술행사 관람자, 단위: %)

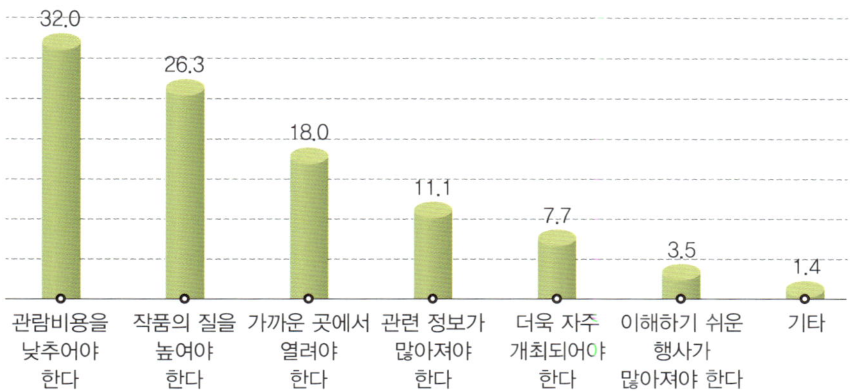

다음은 작품의 질을 높여야 한다는 답변이 26.3% 로 나타났다. 그리고 공연장으로 한정된 장소, 다른 문화활동과 연계할 수 있는 접근성에 대한 어려움이 18%였다. 그 외 관련 정보가 많아져야 한다는 답변이 11.1%였고, 행사의 내용 자체에 대한 의견으로 이해하기 쉬운 행사가 많아져야 한다고 답변한 경우도 3.5%였다.

문화예술행사에 참여할 때는 배우자와 함께 가는 경우가 39.2%로 가장 높았고, 친구와 함께 가는 경우가 36.3%, 자녀 11.4%, 혼자 4.2%로 나타나고 있다. 성별 차이를 보면 남성은 배우자와 관람하고, 여성은 친구들과 관람하는 차이도 나타나고 있다. 문화예술행사에 대한 정보는 인터넷 포털사이트 및 해당사이트를 통해 얻는 경우가 41.1%로 가장 높았고 주변사람을 통해서도 31.2%로 지인을 통한 추천에 의지하는 비율이 상당히 높은 것을 알 수 있다. SNS는 10.9%, TV·라디오 10%, 신문잡지 0.7% 등의 순으로 나타났다. 역시 온라인을 통한 정보 및 먼저 경험한 지인들의 입소문의 영향이 매우 크다는 것을 알 수 있다.

문화예술행사 정보 습득 경로(문화예술행사 관람자, 단위: %)

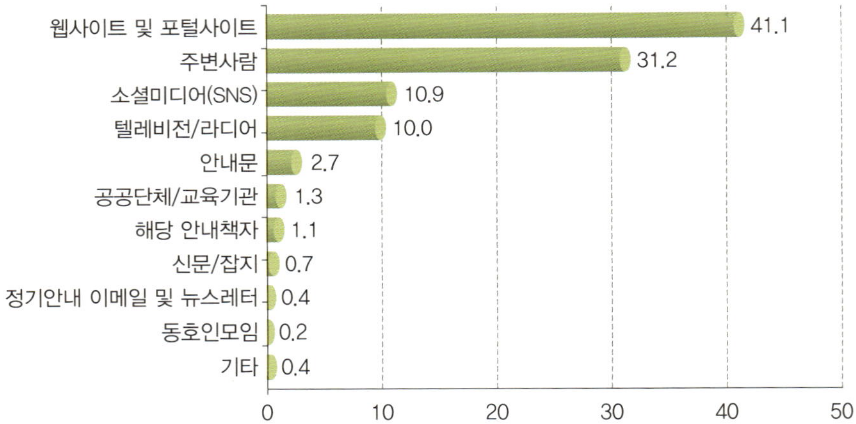

2019년 국민문화예술활동 조사

- 조사대상: 만 15세 이상 남녀 10,102명
- 조사지역: 전국 17개 시도(제주도 및 세종시 포함)
- 조사방법: 1:1 가구 방문 면접조사
- 조사대상기간: 2019.9.9 ~ 11.14

* 2019 국민문화예술활동조사는 2018년까지 문화향수실태조사로 실시되었는데, 문화예술행사는 문학, 미술전시, 서양음악, 전통예술, 연극, 뮤지컬, 무용, 영화, 대중음악/연예로 구분하고 있다. 2012년 조사부터 연극과 뮤지컬을 구분하여 조사하였다.

2) 공연예술 관객 분석, 2019 공연예술 실태조사

● 공연장 중심에서 콘텐츠 중심으로 변화

국내 공연시장 규모와 운영 현황 등을 조사한 '2019 공연예술실태조사(2018년 기준)' 결과에 따르면 공연시장 규모는 전년 대비 1.2% 증가한 8,232억 원으로 2년 연속 8,000억 원대 매출액으로 성장세를 이어나갔다. 공연시장 규모는 공연시설과 단체의 연간 매출액을 합산한 수치다. 이 중 공연단체 매출액은 4,837억 원(전년 대비 4.4% 증가), 공연시설 매출액은 3,395억 원(3% 감소)이다. 공연 관련 민간기획사들의 매출액이 공연시설 매출액을 처음으로 넘어선 점이 눈에 띈다. 그동안 인프라 위주의 공연시설이 주도했던 공연시장 흐름이 콘텐츠 중심의 공연기획사들로 이동하고 있다는 분석을 할 수 있다.

조사를 실시한 예술경영지원센터는 "공연시장 확대는 전 세계적인 경기침체 분위기에도 불구하고 민간단체와 기획사들의 선전 덕분"이라며 "문체부의 문화누리카드 지원확대, 공연 관람비 소득공제 등 정책도 영향을 미쳤을 것"이라는 추정을 내놨다.

항목별로는 △티켓판매 수입 3917억 원(1.4% 감소) △공연단체 작품판매 및 출연료 수입 1,334억 원(18.2% 증가) △공연장 대관수입 1,096억 원(0.8% 감소) △기타 공연사업 수입(공연 MD상품, 협찬 등) 550억 원(23.2% 증가) △공연 외 사업수입(전시 및 교육사업 등) 760억 원(18% 감소) △기타수입(주차 및 임대수입 등) 575억 원(4.4% 증가)으로 나타났다.

공연시설·단체별 매출액은 각각 △민간기획사 3476억 원(4% 증가) △민간단체 1,082억 원(7.3% 증가) △국립공연단체 147억 원(7.2% 증가) △문예회관 1,197억 원(2.9% 증가) 이었다. 대학로 공연장 265억원(14.1% 감소), 민간 공연장 1,235억 원(2.5% 감소), 국립 공연시설 340억 원(9.4% 감소), 공립 기초 공연단체 29억 원(25.4% 감소) 등 매출이 준 곳도 있었다.

예술경영지원센터는 민간기획사의 성장세는 작품 판매수입 및 공연 출연료의 증가와 수익구조 다변화가 이끈 것으로 분석했다. 공연장을 찾은 관객도 작년보다 증가하여 2018년 1년간 총관객수는 2,982만 7,526명 전년 대비 2.8% 증가했다. 이 중 유료관객 비율은 44%로 전년 대비 2.5% 증가했다.

공연예술실태조사는 통계청 승인통계(국가승인통계 113015호)로 2005년부터 매년 진행해오고 있는 조사다. 이번 조사는 2019년 5월 17일부터 9월 17일까지 전국 공연시설 및 단체 4,663곳 중 2,127개를 대상으로 온라인 및 대인면접 방식으로 진행했으며, 표본오차는 95% 신뢰수준에서 공연시설 ±2.6%, 공연단체 ±2.5%다. '2019 공연예술실태조사' 보고서는 2020년 1월 예술경영지원센터 누리집 및 공연예술통합전산망(KOPIS)을 통해 확인할 수 있다.

공연 홍보마케팅 이슈

회전문관객을 잡아라!

회전문관객이란 한 작품을 반복해서 관람하는 관객을 뜻하는 것으로 뮤지컬에서 많이 나타나는 관객 관람형태다. 캐스팅별로 관람하는 사례도 늘고 있는데, 우리나라에서는 본격적으로 뮤지컬 관객층이 확장되는 2000년대 초반부터 이들을 대상으로 한 마케팅이 본격적으로 시작되었다. 10번, 20번은 물론이고 3개월 이상의 장기공연에서는 100번 이상 반복 관람하는 회전문관객이 등장하는데 이는 해당 공연에 대한 충성도가 높은 타깃으로 분류하고 특별하게 관리할 수 있다. 새로운 관객 확장을 위해 소요되는 광고·마케팅 비용은 회수 및 실질적인 효과 측정이 어렵지만 이들 충성도 높은 회전문관객과 소통하면서 관람횟수를 늘리는 마케팅방안을 고려할 수 있다. 공연계에서는 '전 캐 찍기(모든 캐스팅을 다 관람하기)'라는 은어도 등장하면서 회전문관객의 영향력을 파악할 수 있다. 두 명 이상의 배우가 캐스팅될 경우 배우의 컨디션이나 성향에 따라 공연이 달라진다는 것을 잘 알고 있는 관객들은 배우에 따른 역할 변화 또는 호흡을 맞추는 상대 배우들까지 고려하기 때문에 관객이 증가하는 것으로 볼 수 있다.

Pick! 쇼노트 카드

회전문관객을 위한 마케팅도 다양하게 등장하고 있다. 관람횟수에 따라 30~50% 이상 할인해주는 '재관람 할인'은 가장 쉽게 볼 수 있는 마케팅 방안이다. 열 번을 관람하면 한 번은 공짜로 볼 수 있는 할인 스티커도 있다. 커피 전문점에서 커피를 마시면 도장을 찍어주는 것과 비슷한 것으로, 뮤지컬 〈헤드윅〉 제작사인 쇼노트가 2005년 처음 도입했다. 쿠폰제에 대한 관객의 호응이 입증되면서 쇼노트는 2011년부터는 '쇼노트 카드'라는 적립 카드를 출시했다.

하지만 회전문관객의 충성도를 이용해 대형 뮤지컬들이 주요 배역을 멀티 캐스팅하는 현상도 나타나고 있는데, 공연계 내부에서는 이러한 현상을 부정적으로 보는 견해가 있다. 박명성 신시컴퍼니 대표는 지나친 멀티 캐스팅이 뮤지컬의 질을 떨어뜨릴 수도 있다고 지적한다. 뮤지컬 장르는 개인기보다 서로의 호흡과 앙상블(조화)이 중요하고 주인공 배역이 다섯 명씩 되면 리허설 시간은 5분의 1로 줄어들게 되기 때문에 관객들은 그만큼 연습이 덜 된 공연을 볼 수밖에 없다는 것이다.

A to Z

공연홍보마케팅 **매뉴얼** A to Z

Chapter 2

공연홍보 마케팅과 사회적 관계의 이해

1. 트렌드와 공연예술 인사이트
2. 인구구조 소비 트렌드 변화에 따른 공연홍보마케팅
3. 4차 산업혁명과 공연홍보마케팅의 변화

'마케팅 근시안(Marketing Myopia)'이라는 유명한 용어가 있다. 1975년 테오도르 래빗(Theodore Levitt) 하버드대 교수가 하버드 비즈니스 리뷰(HBR)에 발표한 논문의 내용이다. '근시안'은 먼 곳은 보지 못하고 가까운 곳을 보는 눈을 말한다. 말 그대로 마케팅 근시안은 먼 미래를 예상하지 못하고 앞에 닥친 상황에 갇혀 현실에서 빠져나오지 못하는 상태를 뜻한다. 그런 면에서 홍보마케팅 담당자는 현재의 상황을 예리하게 분석하는 것은 물론 더 나아가 미래를 향해 촉수를 세워야 한다.

과거 마케팅이 '소비자가 필요로 하는 것을 분석하여 제품이나 서비스를 파는 것'을 의미했다면, 현재 마케팅의 의미는 '소비자가 무엇을 필요로 하는지 몰라도 먼저 소비자욕구를 파악하여 새로운 제품을 구매하도록 하는 것'으로 그 의미를 확대하고 있다. 대표적인 예가 애플의 아이폰이라고 할 수 있다. 모두가 폴더폰을 사용할 때 누구도 상상하지 못한 혁신적인 디자인의 스마트폰을 개발하여 시장에 선보였다. 홍보마케터는 자신의 물건이나 서비스를 팔기 전에 자신의 고객이 될 소비자를 둘러싼 사회적 트렌드와 이슈를 파악해야 한다. 홍보마케터의 가장 기본적인 자질은 바로 사회를 읽어내는 눈을 갖추는 것이며 이를 다양한 홍보마케팅전략에 반영할 수 있어야 한다. 공연예술 또한 우리 사회의 정치·경제·사회 문제와 아주 밀접하게 연관을 맺고 있다. 이런 다양한 사회적 이슈들이 어떻게 공연예술 홍보마케팅과 연관이 되는지 아래의 다양한 사례를 통해 알아보자.

1. 트렌드와 공연예술 인사이트

1) 워라밸이 바꾼 사회, 공연시간의 변화

'워라밸'이 화제다. 워라밸이란 워크라이프 밸런스(work-life balance)를 줄여서 부르는 말로, 일과 삶의 균형을 추구하는 것을 의미한다. 주 52시간 근무제 확산에 따라 퇴근 후 여가시간을 제도적으로 보장하는 '워라밸' 시대를 맞으면서 극장을 찾는 관객은 물론 공연계 근로자 모두에게 변화가 시작되고 있다. 과연 그동안 과다한 업무량과 피곤 때문에 공연장을 찾지 않던 관객들의 잠재된 관람욕구를 끌어낼 수 있을까? 실제로 '노동시간 단축에 따른 문화여가생활 변화 실태 조사'에 의하면 근무 외 시간활용에서 '문화예술 관람(참여)' 기대 응답이 높게 나타났다. 주52시간 근무제 도입과 맞물려 '욜로(YOLO)', '소확행', '워라밸', '가심비', '플라시보 소비' 등 라이프스타일 키워드도 함께 급부상하고 있어 기업들 역시 본격적인 마케팅 이벤트를 선보이고 있다. 정부도 2018년 7월부터 공연예술 관람에 대한 소득공제 혜택을 받을 수 있도록 국민의 문화예술 향유를 위한 다양한 정책지원을 하고 있다.

● 공연시작 시간 변동

여가시간과 공연시간은 긴밀한 상관관계를 보인다. 1989년 처음으로 토요일 반일제가 도입된 이후 토요일 저녁 공연 관객이 증가되었고, 2004~2005년도에 본격적으로 주5일 근무제가 정착되면서 영화 관람객과 소극장 관람객이 크게 증가한 것을 보면 알 수 있다.

그동안 평일 공연시간은 보통 저녁 8시에 시작하는 것이 관례였다. 예술의 전당에서 처음으로 선보인 오전 11시 '클래식 마티네 공연'은 공연계의 신선한 화제였다. 남편이 출근하고, 자녀들까지 학교에 보낸 후 자유로운 오전 시간을 맞은 인근의 강남 주부들의 요구와 딱 맞아떨어진 기획은 큰 성공을 거두었다. 점차 다양한 공연장과 장소에서 '마티네 공연'이 확산되면서 주부관객을 비롯해 은퇴 후 노년을 즐기는 60대 이상의 노년층이 주관객층으로 등장했다. 여기에 새롭게 등장한 관객층이 바로 '평공족'인 젊은 세대다. 정부의 정책변화와 기업의 인식변화, 개인의 성향변화 등이 맞물린 사회현상 속에서 젊은 세대들은 기성세대와 달리 일과 여가를 분리하고 적극적으로 자신의 여가를 활용하고 있다. 보고 싶은 공연이 있다면 반차를 내고 공연을 관람하는 의식변화는 평일 낮 공연 '평공족'의 등장이 더욱 증가할 수밖에 없는 이유다.

공연시작 시간에도 큰 변동이 있다. 주52시간 근무제 시행에 따라 기존의 평일 저녁 8시 시작이라는 관례를 깨고 30분을 앞당겨 7시 30분 공연시작을 도입하고 있다. LG아트센터, 예술의전당을 비롯한 대형공연장에서 선호하는 공연관람 시간을 묻는 설문조사를 진행한 결과 '공연시간 조정이 필요하다'는 응답자의 변화된 인식을 확인할 수 있었다. 예술의전당이 SNS를 활용한 클래식 공연 시작 시간에 대한 관객조사 설문조사 결과 응답자 6백여 명 중 절반정도인 약 50%가 7시30분을 원하는 것으로 나타났다. 30분 앞당겨진 공연시작을 활용해 클래식이나 오페라, 발레 등의 공연 앞에 다양한 공연 해설강의와 이벤트 등을 기획하기도 한다. 서울시향의 경우 공연 30분 전 클래식 평론가가 프로그램을 소개하는 '프리 콘서트 렉처'를 선보여서 호응을 얻었다. 세종문화회관은 오페라 〈투란도트〉, 〈모차르트&살리에리〉에 대한 감상 포인트와 제작 뒷이야기를 공연 30분 전 '로비 오픈 렉처'로 선보이고, 유니버설발레단의 〈라 바야데르〉, 오페라 〈니벨룽의 반지〉 역시 공연시작 30분 전 공연 해설 강의를 진행해서 관객들의 공연 감상의 이해를 넓히는 장을 마련하고 있다.

과거 티켓 수익의 대부분은 '주말관객'의 관람료였다. 토요일과 일요일 각 2회 공연을 하는 이유다. 비교적 주말이 자유로운 관객들이 주말에 공연장을 찾았다면 최근에는 평공족의 등장처럼 평일 낮 시간대에 관객이 증가하면서 '주말관객'이라는 공식이 깨지고 있다. 오히려 월요일 출근을 위해 일요일 저녁 시간 공연을 꺼리는 분위기여서 저녁 공연을 없애고 월요일 저녁 공연을 추가하는 추세다.

_ 인터파크의 워라밸 페스티벌

인터파크는 워라밸 마케팅으로 '2018 워라밸 프로모션'을 기획하여 27개의 공연과 전시 상품을 최대 87% 할인혜택을 제공하는 행사를 펼쳤다. 〈프랑켄슈타인〉은 최대 35%, 뮤지컬 〈웃는 남자〉, 〈노트르담 드 파리〉, 〈브로드웨이 42번가〉, 〈록키호러쇼〉 등 인기뮤지컬을 최대 40% 할인 제공하여 관객들의 호응을 얻었다.

인터파크 워라밸 페스티벌 홍보 이미지 사진=인터파크

_ 뮤지컬 〈시카고〉의 '52hr 타임-세일'

제작사 신시컴퍼니는 주 52시간제 도입이라는 아이디어에 맞추어 '52hr 타임-세일'이라는 이름으로 50% 할인을 해주는 티켓 상품을 판매하는 마케팅을 기획했다.

뮤지컬 〈시카고〉 52hr-TIME-SALE 이미지 사진=신시컴퍼니

2) 변화하는 온라인 환경, 모바일 티켓의 주인공?

5G 시대가 열렸다. 4세대 이동통신인 LTE에 비해 20배 속도가 빠르고 처리 용량은 100배나 빠른 시대에 우리는 살고 있다. 지금까지의 모바일 환경과는 또 다른 변화의 시대를 맞게 된 것이다. 이에 따라 모바일 콘텐츠도 다양해질 수밖에 없다. 지하철에서 모바일로 영화를 보고 게임을 하는 일상은 더욱 편리해질 것이다. 폭증하는 영상 콘텐츠와 플랫폼의 경쟁 속에서 새로운 사업 모델을 만들기 위한 기업의 경쟁은 점차 치열해질 것이다. 가속화되는 모바일 환경과 더불어 오프라인 체험을 바탕으로 한 마케팅이 주목을 받으며 O2O(online to offline) 모델과 접목한 마케팅이 공연계에서도 확산되고 있다.

O2O 트렌드의 탄생

O2O란 온라인(online)과 오프라인(offline)이 결합하는 현상을 말한다. 1990년대에 집집마다 개인용 PC가 보급되고 온라인 쇼핑이 보급되기 시작하면서 인터넷 쇼핑이 증가하고 이에 따라 쇼루밍(showrooming) 현상이 나타났다. 쇼루밍은 백화점이나 쇼핑몰에서 상품을 구경한 후, 똑같은 제품을 온라인에서 더 저렴하게 사는 소비형태를 말한다. O2O 트렌드가 본격적으로 활성화되기 시작한 것은 소셜커머스 때문이다. '반값 공동구매'로 유명해진 소셜커머스는 전자상거래와 마케팅이 결합한 비즈니스 모델이다. 소비자들에게는 저렴하게 상품이나 서비스를 구매할 기회를 주면서, 동시에 해당 제품이나 매장을 홍보하는 수단이 되기도 했다. 이러한 O2O 트렌드는 스마트폰이 본격적으로 보급되면서 더욱 빠른 속도로 퍼지고 있다. 이제는 컴퓨터보다는 스마트폰에서의 구매 행위가 더 많은 비중을 차지하고 있으며, 그런 연유로 M2O(mobile-to-offline)라고 말하기도 한다. 5G 시대를 맞으며 이러한 O2O 트렌드는 더욱 다양한 플랫폼과 다양한 마케팅으로 확산될 것이다.

● 카카오의 공연계 진출, 새로운 지각변화

카카오는 게임, 영상, 드라마, 음악 등 콘텐츠 사업을 확대하면서 국내외 공연 및 이벤트 기획, 제작, 투자 및 판매업 등 공연계에도 적극적인 진출을 하고 있다. 뮤지컬 〈천사에 관하여: 타락천사〉, 〈어쩌면 해피엔딩〉의 제작·투자에 참여하면서 공연콘텐츠 제작과 티켓유통사업(멜론티켓) 확대 가능성을 보이고 있다. 멜론티켓 온라인 서비스를 병행하면서 오프라인 제작업체 인수, 공연장 운영까지 발 벗고 나서며 빅데이터를 구축하려는 전략으로 전망된다.

2019년 3월, 카카오는 카카오톡에 공연 탭(#)을 신설하고 바로 예매가 가능한 기능을 신설했다. 카카오톡의 '#탭'은 #검색(샵검색) 메뉴에서 자주 검색되는 주제들을 화면 상단에 탭 형태로 배치해놓은 서비스다. 방송과 영화, 뮤직, 스포츠 등과 함께 '#공연' 메뉴가 추가된 것이다. 공연 탭에서는 관련 영상과 사진 등 콘텐츠를 한눈에 살펴볼 수 있을 뿐 아니라 멜론티켓과 연계해 티켓 판매 랭킹과 오늘 오픈한 공연, 추천작품 등 정보를 검색하고 바로 예매도 가능하다. 카카오는 카카오톡과 멜론티켓, 그리고 #공연의 시너지를 노리고 있다.

출처: 카카오

카카오의 공연시장 진출 소식은 기존의 인터파크 티켓을 중심으로 한 경쟁구도 형성과 새로운 공연 모바일 서비스 플랫폼으로 어떻게 자리를 잡을지 기대를 모으고 있다. 최근 웹툰이나 웹소설이 모든 콘텐츠 분야의 원소스 콘텐츠로 각광받으면서, 지적재산권(IP) 경쟁력을 가진 카카오가 이를 바탕으로 다양한 공연을 제작하기에 유리한 입장이다. 뮤지컬 〈신과 함께〉, 〈무한동력〉, 〈위대한 캣츠비〉, 연극 〈그대를 사랑합니다〉, 〈안나라수마나라〉 등이 웹툰, 웹소설을 공연으로 재구성하여 관객들의 호응을 끌고 있는 작품이다.

출처: 카카오

_ 뮤지컬 모차르트 카카오TV, 카카오톡 #공연 채널 생중계

2020 뮤지컬 '모차르트!'가 세종문화회관 대극장에서의 개막을 하루 앞둔 6월 15일 시츠프로브 중계 방송을 카카오TV 채널과 카카오톡 #공연을 통해 중계했다. 시츠프로브(Sitzprobe)는 공연을 무대에 올리기 전, 전체 배우와 오케스트라가 만나 호흡을 맞추며 최종적으로 점검하는 자리다. 여기에 멜론티켓 타임세일까지 함께 진행되어 카카오 채널을 전방위적으로 활용한 마케팅을 기획해 눈길을 끌었다.

● 인터파크, 네이버, 카카오, 플랫폼의 변화

인터파크는 한국에 "인터넷으로도 물건을 사고 팔 수 있다"는 사실을 처음으로 입증해 보인 벤처기업이다. 1997년 설립 이후 1998년 인터넷 종합 예약시스템인 티켓파크(TicketPark)를 신설한 뒤 공연계의 부침 속에서도 꾸준히 성장을 거듭했다. 현재 인터파크 엔터테인먼트·티켓(ENT) 부문은 국내 공연 티켓 시장의 약 70%를 차지하면서 업계 선두를 달리고 있다. 공연계의 영향력을 점차 확대하며 인터파크 자회사 인터파크씨어터를 만들고 뮤지컬 전용 공연장 인터파크홀, 콘서트 전용 공연장 아이마켓홀을 보유한 블루스퀘어를 운영하고 있다. 여기에 플랫폼창동61도 운영 중이다. 명실공히 업계 최고의 자리를 유지하던 인터파크도 변화의 시대를 맞고 있다.

기존 공연 플랫폼의 무게중심이 인터파크에서 네이버나 카카오 같은 포털로 나눠질 것인지, 여기에 티켓 예매 2위를 차지하는 예스24까지 추격에 나서 향후 공연계 변화의 주요 관전 포인트가 될 것이다. 네이버는 공연정보 사이트 '공연전시판'과 '공연생중계 서비스', 공연예술통합 전산망의 객관적 데이터를 기반으로 한 정보 제공 등 공연마케팅 플랫폼으로서 입지를 높이고 있다. 마케팅적인 측면에서 카카오톡은 이용자 범위가 방대하고 개별 표적시장에 도달할 수 있다. '플러스 친구', '추천서비스' 등 다양한 기능으로 개인별 타깃 마케팅을 구사할 수 있어 카카오가 공연시장 행보를 본격화할 경우 다양한 마케팅전략 시도가 가능할 것으로 보인다. 공연시장은 새로운 관객 유입이 더디고 마니아 관객이 중요한 비중을 차지하는 시장이다. 티켓유통 서비스 업체의 경우, 기존 관객 데이터를 기반으로 맞춤형 공연정보를 제공하는 방식을 개발 또는 시도하고 있으나 아직까지 큰 효과를 보지 못하고 있다. 이에 대한 대안으로 카카오톡을 생각해볼 수 있다. 업계 1위 자리를 유지해 온 인터파크, 그리고 국내 1위 검색 플랫폼 네이버, 여기에 카카오까지 가세하며 빅데이터 기반의 공연마케팅 플랫폼 간 경쟁이 치열해질 수밖에 없다.

● 모바일 티켓 시장의 변화

5G의 도입과 모바일 환경의 변화와 함께 모바일 티켓은 종이 티켓을 대체하며 빠르게 자리잡을 것이다. 미국 브로드웨이에서는 이미 모바일 티켓을 활용하고 있고, 국내에서도 인터파크를 포함한 대형 공연장에서 모바일 티켓과 종이 티켓을 병행 발권하거나 시행을 빠르게 도입 중이다. 영화, 스포츠, 여행과 같은 타 문화산업의 경우 모바일 티켓 점유율이 70%에 육박할 정도로 빠르게 증가하고 있다. 뉴욕 브로드웨이 극장가에서도 모바일 어플리케이션을 활성화시키기 위해 파격적인 할인을 적용하거나, 당일 공연 좌석을 할인하는 '러시 티켓' 역시 모바일 티켓으로 판매하면서 관객을 모바일 환경으로 이끌고 있다. 이런 분위기에서 국내 공연계의 모바일 티켓 시장은 카카오에게 유리하다. 전 국민이 사용하는 카카오톡이라는 플랫폼에 대한 심리적인 저항이 없기 때문에 사용 접근이 간편하다는 이유가 가장 큰 장점이다. 또한 멜론티켓이 카카오톡 메뉴에 추가되면서 공연티켓 예매를 위한 접근성이 높아짐에 따라 기존 카카오 이용자들은 평소 익숙한 플랫폼에서 몇 번의 클릭만으로 공연을 검색, 추천, 예매, 선물까지 원스톱으로 가능하다.

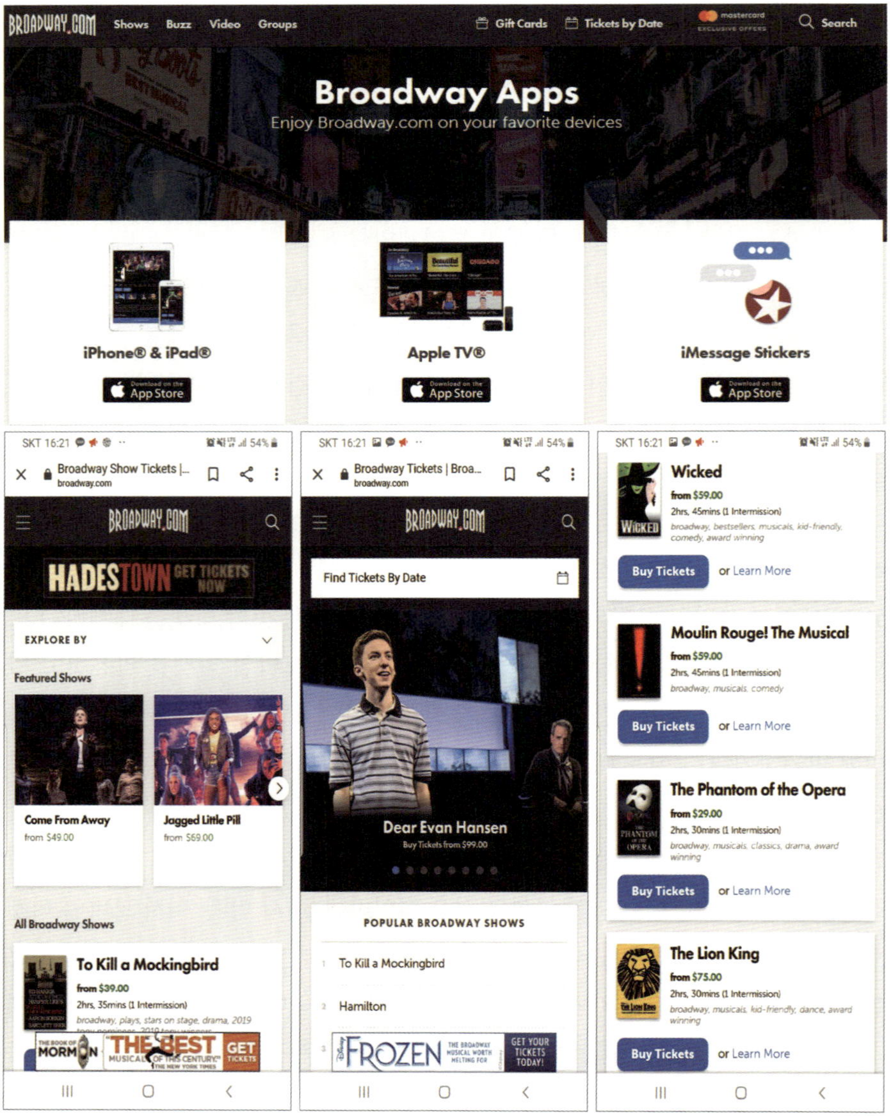

출처: www.broadway.com

● 예스24의 추격

지난 2019년 3월, 국내 공연 티켓예매 2위 기업인 예스 24가 대학로 수현재 빌딩의 공연장을 임대해서 운영에 나섰다. '대명문화공장'이라는 이름이 '예스24 스테이지'라고 바뀌는 것이다. 예스24는 5년간 네이밍 스폰서십 등을 통해 운영권을 갖게 됐다. 6층짜리 수현재 빌딩에 있는 공연장은 총 3개다. 대명문화공장 1관(400석 비발디파크홀)·2관(300석 라이프웨이홀), 수현재시어터(260석)다.

예스24는 온라인 인터넷서점 기반으로 엑소, 레드벨벳 등을 보유한 SM엔터테인먼트의 콘서트 티켓 예매를 전담하며 인터파크와 차별화 전략을 펼치고 있다. 광장동의 악스홀을 인수, 이름을 예스24라이브홀로 바꾸는 등 오프라인 영역으로 사업을 확장하는 중이다. 1,500석의 이 공연장은 개성 강한 해외 뮤지션의 내한공연, 아이돌 그룹 쇼케이스가 자주 열려 음악팬들 사이에서 인지도가 높다. 예

알아두면 유용한 **홍보마케팅 용어**

● 네이밍 스폰서십

공연장 '네이밍 스폰서십'이란 극장 명칭에 후원 기업의 이름을 붙이는 것이다. 국내 공연장 중에서는 제일화재와 스폰서십 계약을 한 세실극장이 최초다. 이후 국립극장 KB청소년하늘극장(계약종료), 올림픽공원 우리금융아트홀, 대학로의 쁘티첼 씨어터, 예술의전당 IBK챔버홀과 CJ토월극장 등이 생겼다. 기업이 네이밍 스폰서십을 하는 까닭은 인지도 제고에 있다. 그러나 우리나라에서 공연장 네이밍 스폰서십은 메세나, 즉 기업의 문화예술 지원과 연관성이 크다. 우리금융이나 삼성전자의 경우 기업의 이름을 알리고 인지도를 제고하기 위해 네이밍 스폰서십을 하기보다는 문화예술 지원을 하기 위한 목적이 크다. 예스24 네이밍 스폰서십은 대학로의 대표적인 공연장에 그 이름을 붙이면서 공연계 온오프라인에서 인지도를 끌어올려 인터파크를 뒤따르는 이미지를 벗어보려는 의미가 크다.

출처: 공연장 네이밍 라이츠 스폰서십(naming rights sponsorship)에서 단순노출효과(mere-exposure effect) 와 조화가설(match-up hypothesis)이 기업 브랜드 연상강도에 미치는 영향(최여정, 2011, 경희대 브랜드 매니지먼트 석사 논문)

스24는 티켓예매 사업과 함께 공연장까지 운영하며 본격적으로 공연계 사업에 진출하고 있다.

3) 페미니즘과 여성관객

2018년 1월, 검찰청 내부 성추문 고발로부터 시작된 '미투' 운동은 사회적인 공분을 촉발하며 확산되었다. 특히 공연계의 기존 제작 시스템 속에서 관행이라 넘겼던 연출과 배우들의 다양한 성차별과 성폭력 등이 밝혀지면서 여성 관객들이 높은 공연계에 큰 반향을 일으켰다. 미투 운동은 페미니즘 인식에 대한 변화를 요구하는 목소리로 번지면서 문화계 주 소비자인 20~30대의 젠더 감수성은 점차 높아지고 있다. 공연계는 이런 변화를 주목해야 한다.

인터파크와 예스24 등 티켓 예매처 통계에 따르면 국내의 공연 관객 중 여성 비율이 80%, 회전문관객의 여성 비율은 95%에 달한다. 전체 관객수에서 회전문관객이 차지하는 비율은 6%에 그치지만 전체 매출에서 차지하는 비중은 25%를 넘기 때문에 여성 관객의 중요성은 여실히 드러난다. 회전문관객 10명 중 1명은 10회 이상 관람한 것으로 나타났으며 같은 작품을 두 차례 이상 본 관객이 구매한 관람권 판매액을 합치면 전체 관람권 판매액의 절반을 넘는다. 그렇기 때문에 공연 소비자의 대다수를 차지하는 여성 관객에 대해 알아야 한다. 그들의 소비변화, 관심 갖는 사회적 트렌드를 파악해야 마케팅전략을 세울 수 있다. 이런 여성 관객들의 파워는 과거 남성 일변도였던 작품에도 변화를 가져와 다양한 여성 주인공과 여성의 시선이 두드러지는 작품들을 만날 수 있게 되었다. 이런 트렌드에 맞추어 여성을 키워드로 하는 홍보마케팅 소구점을 내세우고 여성 관객의 감성을 이해하는 굿즈나 이벤트를 기획할 수 있다.

● 젠더프리캐스팅(gender free casting)

젠더프리캐스팅은 배우의 성별에 관계없이 배역을 정하는 것을 의미한다. 기획 단계부터 배역을 남성이나 여성으로 구분지어 놓지 않거나, 성별이 고정된 역할이더라도 이를 연기할 수 있는 배우라면 성별을 가리지 않고 섭외한다. 해외에서 젠더프리캐스팅은 2000년대 전후로 그동안 맡을 수 있는 배역이 한정되어 있던 여배우들의 활동 폭을 넓히기 위한 시도에서 비롯되었는데 우리나라에서는 미투로 촉발된 양성평등에 대한 관심이 높아지면서 여성중심의 서사, 여성주인공과 함께 젠더프리캐스팅이 활발하게 이루어지고 있다. 단순히 '여성의 역할을 늘리자'에서 벗어나 다채로운 연출로 관객의 상상력을 자극하고 공연을 보는 관객 입장에서도 그 선택지를 넓히는 데 의미가 있다. 우리나라 최초의 젠더프리캐스팅 공연은 2001년 연극 〈에쿠우스〉 무대에 박정자 배우가 정신과 의사인 다이사트 박사로 무대에 올라 화제가 되었다. 2015년 뮤지컬 〈지저스 크라이스트 수퍼스타〉의 헤롯왕을 김영주 배우가 맡은 것이 첫 사례다.

4) 소확행과 저가공연

일상에서 느낄 수 있는 작지만 실현가능한 행복, 소확행을 추구하는 트렌드다. 이런 소비현상은 90년대생들에게서 더욱 분명하게 나타난다. 90년대생들은 돈을 어디에 쓰고 있을까. 2019년 집계한 통계에 의하면 가장 결제 횟수가 많은 7개 분야는 △디저트·베이커리 △커피 △편의점 △외식 △문화생활 △온라인쇼핑 △여행으로 나타났다. 이 7개 항목은 20대 결제 횟수의 79%를 차지했다. 각 소비항목에서 1회 이상 결제가 발생한 회원 15,000명의 데이터를 추출해 분석한 결과 특히 편의점, 문화생활에서 유난히 결제횟수가 많았다. 문화생활 관련 월평균 결제 횟수는 90년대생 남녀가 각각 5.5회, 3.7회였다. 이렇게 자신이 관심을 갖고 좋아하는 일에는 지갑을 여는 젊은 관객층을 위해 공연계도 다양한 변화를 보이고 있다.

최소비용으로 최대만족을 얻고자 하는 소비 경향은 공연계에도 영향을 미치고 있다. 낭독공연, 오픈드레스 리허설 등 정식 무대를 간소화한 형태의 공연은 관람료도 1/3 수준으로 작품을 감상할 수 있는 기회가 된다. 물론 의상, 음악, 무대 등이 어우러진 종합적인 공연예술은 아니지만 관심을 갖고 있는 공연을 저렴한 관람료로 맛볼 수 있는 기회다. 또한 관람료가 10만 원을 호가하는 대형 뮤지컬이나 공연 대신 1만 원~5만 원대에 관람이 가능한 소극장 중심의 뮤지컬 제작이 늘어나면서 관객들의 선택의 폭이 넓어지고 있다.

이런 변화는 관객뿐 아니라 공연단체에도 환영할 일이다. 낭독공연이나 오픈 드레스 리허설을 관객에게 공개하여 다양한 피드백을 듣는 기회가 될 수 있고, 이를 본 공연에 반영하면서 공연 제작 단계에서 관객들의 의견을 적극적으로 활용할 수 있다. 이렇게 만들어진 공연을 보며 관객들은 자신이 공연에 참여했다는 감정적 유대감이 생기고 충성관객으로 연결되는 고리가 마련된다.

5) 플미충 퇴출

플미충은 '프리미엄(premium)'과 부정적 어감을 드러내는 '충(蟲)'이 붙여진 합성어로 티켓에 프리미엄을 붙여 되파는 사람들을 의미한다. 최근 매크로(macro)라는 자동입력 반복 프로그램을 활용해서 티켓을 대량으로 구매하고 다시 비싼 가격에 재판매하는 조직적인 대량의 암표 거래는 공연시장에 악영향을 끼질 수밖에 없다.

현행법상 현장에서의 암표 매매는 경범죄 처벌법에 따라 단속되지만, 유명 공연관람권을 싹쓸이한 뒤 온라인에서 비싼 값에 되파는 암표상의 문제는 법적 근거 미비로 그동안 단속이 제대로 이루어지지 않았다. 온라인 암표 거래로 공연관람권이 조기에 매진되면 인터넷 접근성이 취약한 고령자나 장애인은 관람권을 살 기회조차 얻지 못하게 되는 문제가 생기는 것이다.

조승우가 출연한 뮤지컬 〈지킬앤하이드〉는 1차 티켓 오픈 후 2분 만에 매진되었고, 15만 원의 VIP좌석이 50~60만 원에 거래되었다. 콘서트는 그 정도가 더 심하다고 할 수 있다. 아이유 콘서트의 경우 12만 원 티켓이 최고 82만 원에 판매되었으며 무료 행사인 '2018 대중문화예술상 시상식' 티켓은 방탄소년단이 나온다는 이유로 최고 150만 원에 거래되기도 했다. 공연장 주변에서 겉돌(표가 없어 공연장에 입장하지 못하고 행사장 주변을 맴돌면서 팬들과 교류하는 것)하는 팬을 집중적으로 노리는 오프라인 암표상도 증가하고 있다.

이런 티켓 재판매 피해를 최소화하기 위해 공연 제작·기획사들과 티켓 판매처도 대응에 나서고 있다. 티켓유통 사이트에서는 기술적으로 매크로 로그인 차단과 같은 보안 강화로 대응하고, 공연기획사에서는 일일이 신분증을 대조하는 등 본인 확인절차를 거치고 있다. 하지만 2019년 6월 BTS의 팬미팅이 열린 부산에선 주최측과 관객 사이에서 소동이 일었다. 소속사 빅히트엔터테인먼트가 암표 거래를 막기 위해 공연 예매자와 관람자가 동일해야 한다는 가이드라인을 제시했는데, 이에 따라 웃돈을 얹어서 표를 구매한 팬들의 입장이 가로막히며 충돌이 빚어지기도 했다. 공연이 가지고 있는 1회성이라는 속성은 티켓 가격을 천정부지로 치솟게 하는 원인이다. 보고 싶은 공연의 공급이 한정되어 있고 티켓을 구하려는 관객의 수가 많으면 경쟁이 생길 수밖에 없다. 하지만 이렇게 불법으로 온라인에서 티켓을 사고파는 행위는 오랫동안 이어져 오며 공연을 준비한 예술가나 단체가 아니라 다른 이가 이익을 취한다는 점이 문제다. 근본적인 플미충 퇴출 방안이 마련되어야 티켓을 관리하는 마케팅 담당자들도 관객들과 불필요한 소동을 막을 수가 있다.

6) 코로나 시대의 새로운 감상법, 온라인 공연

신종 코로나바이러스 감염증(코로나19)으로 WHO가 팬데믹을 선포한 이후 전 세계적으로 모든 공연들이 취소되고 있지만 코로나 시대의 새로운 공연 관람 방법이 연일 화제다. 세계 일류 공연단체들과 공연장들이 무료 온라인 서비스를 공개하고 있다. 국가적 차원에서 '사회적 거리두기'를 권고하는 국내에서도 공연장, 연주 단체들이 온라인 공연을 적극 활용하고 있다. 2013년부터 지역의 문예회관과 영화관에서 공연을 볼 수 있도록 영상화 사업을 이끌고 있는 예술의 전당 '싹온 스크린'을 비롯해 세종문화회관, 서울시향, 코리안심포니오케스트라, 서울돈화문국악당, 국립국악원, 경기도문화의전당 등이 다양한 공연 콘텐츠를 온라인을 통해 소개하고 있다. 전 세계적으로 가장 먼저 공연 영상을 중계한 단체는 뉴욕 메트로폴리탄 오페라의 '메트:라이브 인HD'이다.

흔히 더 메트(The Met)라고도 불리는 뉴욕 메트로폴리탄 오페라는 1880년에 창단해서 지금까지 140여 년의 역사와 전통을 자랑하는 세계 최고의 오페라 극단이다. 뉴욕의 링컨 공연예술센터에 위치한 메트로폴리탄 오페라 하우스에서 연간 200회가 넘는 오페라 공연을 상연한다. 하지만 '메트'의 명성에도 한 차례 고비가 찾아오는데, 2000년 이전에는 90%를 넘던 티켓 판매율이 2006년에는 77%까지 하락하게 되고 적자만 쌓여가는 위기를 맞는다. 이때 메트를 이끄는 새로운 단장으로 피터 겔브가 취임하면서 새로운 전환기를 맞게 된다. 소니클래시컬레코드의 대표였던 겔브는 메트의 위기 극복의 답을 뉴욕 양키스팀의 온라인 중계에서 찾아낸다. 오페라 공연을 고화질(HD)로 생중계하고 전 세계 영화관에서 볼 수 있게 하려는 겔브 단장의 생각이 '메트:라이브 인HD'의 시작이었다.

처음에는 오페라 중계 때문에 오히려 공연장 수입이 줄지 않을까라는 걱정과 공연 현장의 생생함을 전달할 수 있을까라는 반대에도 부딪혔지만 겔브의 아이디어는 적중했다. 오페라는 너무 비싸서 접할 기회가 없던 사람들이 영화관에서 오페라를 생중계로 보고 난 뒤 극장으로 발길을 향했다. 77%까지 떨어졌던 티켓 판매율이 생중계 이후 90%선을 회복했다. 사실 '메트:라이브 인HD' 성공의 가장 큰 요인은 바로 뉴욕 메트로폴리탄 오페라 하우스 객석에 앉아 있는 듯한 현장감이다. 실시간 공연 중계는 실제로 진행되는 공연을 현장의 아티스트나 관객들에게 피해를 주지 않으면서도 그 현장감을 고스란히 전해야 한다는 점에서 무척이나 까다로운 작업이다. 중계 PD는 수 차례 리허설과 공연을 보고 동선을 파악해서 카메라 촬영 대본을 미리 작성하고 카메라 리허설까지 마친다. 그리고 공연이 중계되는 날인 'HD데이'에는 10~12대의 카메라가 객석에 포진하고, 메트로폴리탄 오페라 하우스 밖에 세워진 중계차 안에서 PD가 가장 좋은 컷을 골라내어 일곱 개의 위성을 통해 전 세계로 송출을 한다. 공연 생중계에 반감을 표시하던 오페라 배우들은 전 세계 수십만 관객 앞에서 공연한다는 것에 흥분하면서 최고의 기량을 발휘하기도 한다. '메트:라이브 인HD'는 현재 60여 개국 2,000여 극장에서 상영될 만큼 전 세계에서 가장 중요한 콘텐츠 공급자 중 하나가 되었다. 메트로폴리탄 오페라의 이 같은 파격적인 시도는 전 세계 공연문화를 바꾸어 놓았다. 이제는 많은 공연단체들이 고화질로 생중계를 하거나, 공연을 녹화하여 영상으로 관객들을 만나게 되는 일이 자연스러워졌고, 코로나 시대의 새로운 대안 감상법으로 떠오르고 있다. 이 같은 변화 속에서 공연홍보마케팅 담당자들은 온라인 플랫폼을 활용한 영상 콘텐츠 제작의 이해, 홍보 방향, 또한 저작권 및 스트리밍 수익에 대한 전략과 안목도 함께 키워나가야 한다.

2. 인구구조 소비 트렌드 변화에 따른 공연홍보마케팅

매년 기업이나 금융계의 경제연구소는 다양한 사회현상 분석 보고서를 발표한다. 이런 자료를 통해 '마케팅 근시안'을 벗어나 미래를 예측하며 관객을 분석 할

2019 국내인구 관련 주요 현상

주: UN 기준 65세 이상 인구 7% 이상이면 고령화사회, 14% 이상이면 고령사회, 20% 이상이면 초고령사회로 구분. 우리나라는 2018년 말 14.3%로 고령사회 진입

출처: KEB하나은행 하나금융경영연구소

수 있다. 그 중 우리 사회 인구변화에 대한 보고서를 살펴보자. 한 사회의 인구구조 변화에 따라 소비 트렌드는 달라질 수밖에 없다. 제품이나 서비스의 구매자이자 잠재고객이 될 수 있는 인구변화 트렌드를 면밀하게 파악하고 거시적인 안목으로 미래 홍보마케팅전략을 세워야 하는 이유다. 최근 우리 사회는 '초저출산' '비혼' '고령인구증가' '1인 가구 급증' 등이 뉴스마다 중요하게 거론이 되고 있다. 이런 인구현상에 따라 기업의 마케팅전략도 다양한 변화를 맞고 있고, 공연홍보마케팅도 예외는 아니다. 이런 인구구조 변화에 따라 '실버관객'과 '1인 관객'의 뚜렷한 급증이 보인다. 공연 현장에서는 이런 변화에 어떻게 대처를 하고 있고 어떤 홍보마케팅을 하고 있을까?

1) 실버관객부터 직장인까지 '마티네 할인'

한국보다 일찍 고령화사회로 접어든 유럽·미국에서는 공연장 관객이 중년과 노년층이 주를 이루고 연령폭이 넓은 반면 그동안 한국은 클래식과 연극·발레까지 주요 관객층은 30~40대 여성들이었다. 하지만 우리 사회도 고령화사회로 접어들면서 경제적으로 여유를 갖춘 은퇴자, 문화예술 향유를 경험해 온 실버세대들이 여가활동을 위해 적극적으로 공연장을 찾고 있다. 중장년층과 실버관객을 위한 마케팅으로 가장 성공적인 사례가 '마티네(matinee)' 할인이다.

'마티네'란 아침이라는 뜻의 프랑스어 '마탱(matin)에서 유래'했다. 이를 공연에 적용하여 평일 아침이나 낮 공연을 볼 경우 할인율을 제공한다. 당연히 주요 관객층은 낮에 시간적 여유가 있는 중장년층 주부, 은퇴자들이다. 우리나라에 마티네를 안착시킨 공연은 2004년에 시작된 서울 예술의전당의 '11시 콘서트'다. 클래식에 대한 쉬운 해설과 커피까지 제공하면서 인근 중장년층에게 큰 호응을 얻었을 뿐 아니라 이후 오페라, 연극, 뮤지컬까지 '마티네 할인' 공연으로 확장되는 계기가 되었다. 이는 기존의 '공연은 저녁에 본다'라는 고정관념을 깨고 관객의 편의와 필요의 입장에서 공연의 시간대를 바꾸고 할인율을 제공하는 마케팅의 사례다.

최근 마티네 공연도 또 다른 변화를 맞고 있다. 기존 마티네 공연의 주요 타깃이 중장년층, 주부, 실버관객이었다면 주52시간 근무제 도입에 따라 직장인들도 반차나 휴가를 활용해서 마티네 할인을 적극적으로 활용하고 있다. 인터파크 집계에 따르면 실제로 2018년 대비 2019년에 마티네 관객수가 22%가 증가했다. 일부 공연에서는 주 1회였던 마티네를 2회로 늘리는 등 공연시간의 다변화가 일어나고 있다.

2) '혼공족'을 잡아라

'혼공족'이란 혼자 공연을 보는 관객들을 의미한다. 1인 가구가 늘어나고 소비형태의 개인화가 확장되면서 이미 다양한 업계 및 기업들은 '1인' 소비자를 위한 다양한 형태의 마케팅과 이벤트를 내놓고 있다. 공연 현장도 예외는 아니어서 '혼공석'을 따로 마련하고, 1인 예매 관객들에게 선물을 주는 경우도 있다.

인터파크에 따르면 '혼공족'은 2012년부터 그 비율이 꾸준히 늘어났다. 전체 공연 예매 관객 중 1인 티켓 구매 비율은 2012년 25%에 불과했던 것이 2015년 45%를 기록한 데 이어 2017년 49%에 달했다. 홀로 공연장을 찾는 장점으로는 자신만의 취향대로 작품을 선택할 수 있고, 몰입 가능하며, 시간 선택의 자유로움을 꼽았다. 혼공족이 늘면서 관련 마케팅도 다양해지고 있다. 뮤지컬 〈아이다〉는 나 홀로 관람하는 관객을 위해 '나 혼자 이벤트'를 진행하였다. 1인 예매 관람객에게 이집트 보물전 티켓, 그문드너 에스프레소 싱글잔 등의 선물을 제공하였다. 뮤지컬의 경우 혼공족의 증가 이유는 자신이 좋아하는 작품을 캐스팅에 따라 여러 차례 관람하는 마니아 관객이 많아졌기 때문으로 분석하는데, 앞에서 설명한대로 회전문관객의 상당수가 1인 관객임을 알 수 있다. 이는 자신이 좋아하는 일이라면 돈을 투자하는데 아까워하지 않는 요즘 젊은 세대들의 소비형태도 드러난다. 뮤지컬〈이블데드〉의 '세상 불편한 사인회'라는 혼공족 이벤트는 테이블에 혼자 앉은 관객들에게 배우들이 직접 찾아가 사인을 해주는 기획이었다.

하지만 이런 다양한 마케팅 노력에도 불구하고 예술경영지원센터가 BC카드와 공동으로 발표한 '카드 및 소셜 빅데이터로 살펴본 공연 트렌드 분석'에 따르면 '혼공족'은 공연 감상은 만족하지만 공연 전과 후 행사·이벤트 부족에 대한 아쉬움이 크다고 답변했다. '혼공족'을 위한 마케팅이나 이벤트는 매출로 연결되기보다 홍보이슈로 의미가 있기 때문에 제작사에서는 소극적으로 대처하기 때문이다. 인구구조에 따른 소비변화 행태를 바탕으로 봤을 때 공연계도 혼공족은 지속적으로 늘어날 것이다. 그러므로 기존의 친구, 가족 단위의 관람형태를 바꾸어서 어떻게 하면 혼자 오는 관객들도 어색하지 않게 공연과 이벤트를 즐길 수 있을지 생각해볼 수 있다.

3. 4차 산업혁명과 공연홍보마케팅의 변화

IT 기술발달은 4차 산업혁명의 도래를 알리면서 우리 사회에 눈부신 변화를 가져오고 있다. 4차 산업혁명은 디지털 기술을 토대로 언제 어디서나 인터넷에 접속할 수 있는 모바일 유비쿼터스 인터넷(ubiquitous and mobile internet), 모든 사물에 장착이 가능한 센서, 인간의 지능을 대신하는 인공지능기술과 기계학습(machine learning)을 핵심으로 한다. 4차 산업혁명이 가져온 변화는 디지털이 일상화되고, 사람과 사람, 사람과 기계, 사물과 사물, 물리적 세계와 가상세계가 모두 연결되는 초연결사회가 된다. 소셜미디어의 영향력이 막대해지고 기업의 수명주기는 급격히 감소할 것이다. 공연홍보마케팅 또한 이런 4차 산업혁명의 변화 속에서 새로운 도전을 해야 한다.

공연홍보마케팅에서 가장 두드러진 변화는 모바일의 이용이다. PC를 통해서 접속하던 인터넷에서 이제는 모바일로 언제 어디서나 인터넷 접속이 가능하면서 모바일에 최적화된 내용과 디자인으로 홍보마케팅을 할 수 있다. 특히 모바일에서 사진과 동영상 촬영을 하고 바로 인터넷으로 소통할 수 있는 소셜미디어 활용이 중요하게 대두되고 있다. 소셜미디어란 사람들이 의견과 경험, 생각 등을 공유하기 위해 사용하는 온라인 플랫폼을 의미한다. 소셜마케팅의 가장 큰 변화는 쌍방향 소통이 가능하다는 점이다. SNS에 업로드된 이미지와 글에 좋아요를 누르거나 적극적으로 댓글을 쓰면서 의견을 표현한다. 과거 관객들의 감상평을 공유하고 게시하는 장이 해당 공연 제작사의 홈페이지나 대형 티켓 사이트 등으로 한정되어 있었다면 이제는 각자 자신이 운영하는 SNS를 활용하여 실시간으로 의견을 공유할 수 있다. 이런 데이터들은 잠재관객들에게는 공연 관람을 위한 정보가 될 뿐 아니라 공연 제작사들에게는 빅데이터를 수집하여 마케팅에 유용한 아이디어를 도출할 수도 있다. 4차 산업혁명마케팅에서 빼놓을 수 없는 것이 바로 빅데이터마케팅이다. 현재 공연홍보마케팅에서 가장 적극적으로 활용을 하는 것이 페이스북, 유튜브, 인스타그램, 밴드 등 SNS 채널 마케팅이다. 기존의 광고나 마케팅 이벤트 등과 달리 예산이 많이 필요하지 않으며 콘텐츠 생성 아이디어에 따라 순식간에 확산이 가능하기 때문이다.

1) 4차 산업혁명 시대 공연홍보마케팅

● 소셜마케팅(social marketing)

소셜미디어의 활용은 선택사항이 아니라 필수가 되었다. 사람 사이의 소통 매체로 출발한 SNS가 중요한 마케팅 수단이자 판매채널이 되었다. 소셜미디어마케팅은 기존의 전통마케팅과는 차이점이 있다. 전통마케팅이 기업이 중심이 되어 매체와 메시지를 통제했다면 소셜미디어는 일반인이 메시지를 생산하고 유통시킨다. 즉 기업에서 소비자로 흐르는 수직적 정보가 소셜미디어 시대의 메시지는 수평적으로 이동하면서 상호작용이 활발하다는 점이 가장 큰 차이이다. 또한 소셜미디어를 통해 소비자의 참여와 활약이 커지면서 광고가 아닌 개인의 일상적 경험이 주변인들에게 구매결정에 큰 영향을 미친다. 또한 기존의 전통적인 고객관계관리(CRM, Customer Relationship Management)가 이메일이나 콜센터를 통해 이루어졌다면 소셜 CRM을 통해 고객과 직접 소통하면서 불만을 해소하고 고객의 아이디어를 들을 수도 있다.

● 빅데이터마케팅(big-data marketing)

빅데이터란 기존 방식으로는 저장·관리·분석하기 어려울 정도의 대량의 정형화 혹은 비정형화된 데이터의 군집을 의미하며 이를 분석하는 기술을 말한다. 정형화된 데이터란 인구통계, 구매기록, 소비자 리뷰 점수, 신용카드 사용기록과 같이 수치화된 데이터를 의미한다. 비정형화 데이터란 SNS에 올라온 동영상이나 사진, 글 등이다. 이런 빅데이터 활용은 새로운 마케팅으로 따오르고 있다. 흩어져 있고 의미 없어 보이는 데이터들을 모아서 의미를 분석하고 가공해서 새로운 가치를 창출할 수 있기 때문이다. 빅데이터마케팅의 특징은 최근 마케팅의 화두인 극세분화가 가능하다는 점이다. 타깃시장을 보다 세밀하게 나눌수록 타깃관객에게 도달하는 가능성이 커지는데, 가장 이상적인 세분화는 개개인을 대상으로 한

일대일마케팅이다. 공연홍보마케팅에 빅데이터의 활용은 대형 티켓예매 사이트에서 가능하다. 수십년간 쌓아온 관람권 구매이력들이 빅데이터가 되어서 개인의 욕구와 취향, 구매이력 파악이 가능하고, 각 개인들에게 가장 이상적인 공연 추천이 가능하다.

● AR/VR마케팅(AR/VR marketing)

AR/VR은 별개 기술이 아니라 현실과 가상의 정보를 얼마나 섞느냐에 따라 구분한다. 증강현실(AR, Augmented Reality)은 실제로 존재하는 물체나 주변 환경의 실사 영상 위에 가상의 정보를 합성하는 기술이다. 가상현실(VR, Vitual Reality)는 컴퓨터그래픽으로 만들어진 가상현실 세계를 경험하는 기술이다. 증강현실이 실제공간을 바탕으로 하고 있다면 가상현실은 100% 허구의 세계이다. 가상현실, 즉 VR은 무형의 서비스 상품에서 그 활용이 활발하다. VR스포츠, VR이벤트, VR 체험장 등 다양한데 공연도 VR을 접목한 시도가 최근 이루어지고 있다. 2D와는 차원이 다른 실재감과 몰입감을 주는 기술로 과거 스타들을 무대에서 다시 볼 수 있을 뿐 아니라, 그동안 보아왔던 공연 무대기술의 혁신적인 변화도 예측이 가능하다. 이런 공연 형식의 변화는 그 자체가 홍보마케팅 이슈가 될 뿐 아니라 공연 산업 전반에 큰 영향을 끼칠 것이다.

● 언택트마케팅(untact marketing)

언택트란 접촉을 뜻하는 'contact'에 'un'을 붙여 '접촉하지 않는다'라는 의미다. 즉 판매직원과 접촉 없이 무인서비스나 비대면 마케팅활동을 의미한다. 앞으로는 상품구매나 이용, 서비스 등이 이런 무인서비스로 대체될 것이다. 언택트마케팅은 개인의 체험을 중시하는 고객의 니즈와 구매패턴 변화와 관련이 있다. 1인 가구가 급증하면서 대면거래를 꺼리고, 사적인 시간을 즐기려는 소비자들은 점점 개인화된 체험이 더욱 중요하다. 또한 VR과 사물인터넷 기반의 음성대화와 채팅 기술의 발달은 이런 무인서비스를 더욱 가속화시키고 있다. 기업 입장에서는 인건비를 절약할 수 있다는 점이 가장 큰 장점이다. 공연산업에서도 온라인 티켓

구매 및 자동화결재시스템이 박스오피스(티켓구매창구)를 대신할 것이다. 이렇게 수집된 정보는 빅데이터로 활용이 되어 고객의 수요를 읽고 개별 맞춤형 서비스마케팅이 가능하다.

● **컬래버레이션마케팅(collaboration marketing)**

둘 이상의 사람이나 조직이 하나의 목적을 실현하기 위해 협업하는 의미인 컬래버레이션을 마케팅에 접목하여 전략적 제휴, 공동브랜드 등을 개발하는 것을 의미한다. 마케팅 학자들은 컬래버레이션마케팅을 '둘 이상의 기업이 각자의 핵심역량을 결합하고 각자의 시장 및 기술경쟁상의 강점을 함께 나누는 일정기간 동안의 협력관계'로 정의한다. 현재 컬래버레이션을 각광받는 마케팅 기법이다. 특히 대중문화 분야에서 활발한데 문화예술과 제품, 광고와 제품, 문화예술과 광고 등의 컬래버레이션을 흔히 찾아볼 수 있다. 공연의 컬래버레이션 마케팅은 기업이 예술가나 특정 공연에 후원을 하면서 자사의 브랜드 가치를 높이는 시도로 많이 이루어진다. 창의성이 더욱 중요해지는 4차 산업혁명 시대에 예술적 가치는 더욱 높아질 것이고 이를 다양하게 접목한 마케팅 방법을 고려해야 한다.

공연 홍보마케팅 이슈

공연관객 트렌드, 워라밸

워라밸이 화제다. '일과 삶의 균형'이라는 의미인 'Work-life balance'를 축약한 이 표현은 1970년대 후반 개인의 업무와 사생활 간의 균형을 나타내는 단어로 영국에서 처음 등장했다. 우리나라에서는 각 단어의 앞 글자를 따서 웨라밸로 사용하고 있다.

워라밸은 연봉에 상관없이 높은 업무 강도에 시달리거나, 퇴근 후 SNS로 하는 업무 지시, 잦은 야근 등으로 개인적인 삶이 없어진 현대사회에서 직장이나 직업을 선택할 때 고려하는 중요한 요소 중 하나로 떠오르고 있다.

2017년 7월 고용노동부에서는 워라밸의 제고를 위해 '일·가정 양립과 업무 생산성 향상을 위한 근무혁신 10대 제안'을 발간하여 △정시 퇴근 △퇴근 후 업무연락 자제 △업무집중도 향상 △생산성 위주의 회의 △명확한 업무지시 △유연한 근무 △효율적 보고 △건전한 회식문화 △연가사용 활성화 △관리자부터 실천 등 10가지 개선 방침이 수록했다.

AtoZ 공연홍보마케팅 **매뉴얼** A to Z

Chapter 3

공연 커뮤니케이션

1. 커뮤니케이션
2. 공연 커뮤니케이션의 이해
3. 공연 커뮤니케이션 전략수립 과정
4. 위기관리 커뮤니케이션

공연장의 현장감은 공연하는 예술가와 공감 그리고 옆에 앉은 관객과 공감이 작용하면서 극대화된다. 공연을 기획한 후 타깃관객에게 홍보마케팅하기 위해서는 먼저 커뮤니케이션이라는 개념을 이해할 필요가 있다.

1. 커뮤니케이션

커뮤니케이션은 일반적으로 '정보전달을 위한 행위, 말, 제스처, 글, 신호, 메시지 등의 전송 및 교환'으로 정의된다. 콘래드와 풀(Conrad & Pool, 1998)은 '커뮤니케이션이란 사람들 사이에서 상호 의미를 창출하고 유지하고 관리하는 과정'이라고 정의하기도 했다.

또한 바란(Baran, 2004)은 커뮤니케이션은 송신자와 수신자를 동등한 입장에서 두고 '정보전달과 의미의 공유'로 정의한다. 이러한 커뮤니케이션은 '매체'를 전제로 하는데, 실제로 커뮤니케이션의 핵심 요소로 신문, 라디오 등 매체가 있다.

해럴드 라스웰(Harold Lasswell)의 전통적인 커뮤니케이션 모델은 정보원(source)이 전달하고자 하는 메시지(message)를 매체(channel) 등 적절한 수단으로 수신자(receiver)인 상대방에게 전달하여 반응(effect)을 일으키는 과정의 반복이라고 보았다.

여기서 과정의 반복이란 상대방의 반응이 다시 새로운 커뮤니케이션의 시작으로 이어지도록 하는 피드백(feedback) 작용을 의미한다. 다시 말해, 정보원(S), 메시지(M), 채널(C), 수신자(R), 효과(E) 그리고 피드백(feedback) 각각의 내용과 순환과정, 그리고 이 각각이 만들어내는 정보와 의미 등은 커뮤니케이션의 정의이자 커뮤니케이션의 모든 것이라고 말할 수 있다.

흔히 커뮤니케이션을 마케팅의 하나로 보는데 마케팅과는 근본적으로 차이가 있다. 마케팅이란 '생산자가 상품 또는 서비스를 소비자에게 유통시켜 전달하는 활동에 관련된 모든 체계적 경영활동'을 의미하는데, 현재 마케팅에서는 소비자

중심, 소비자 가치를 중점적으로 두면서 변화하고 있는 것이 사실이다. 하지만 마케팅의 본질은 판매를 위한 수익창출의 행위라는 기업의 목표가 명확히 있고 이를 위해 소비자에게 메시지를 전달하는데 커뮤니케이션은 발신자와 수신자를 동등하게 둔다는 점에서 차이가 있다.

1) 커뮤니케이션의 요소

커뮤니케이션은 위에서 설명한대로 SMCRE, 즉 발신자(sender)의 메시지(message)가 채널(channel)을 통해 수신자(receiver)에게 전달되고 반응한 수신자는 일정한 반응(effect), 즉 피드백(feedback)을 하게 된다.

● 발신자(sender)

커뮤니케이션은 발신자와 수신자 사이에서 일어나는 것으로 발신자가 전달하고자 하는 내용을 수신자가 이해하고 반응하게 하는 과정이다. 커뮤니케이션은 일방적으로 메시지를 전달하는 것이 아니라 발신자와 수신자가 정보와 의견을 나누는 상호작용에 의해 일어나는 것이다. 발신자에게 가장 중요한 것은 신뢰이다. 수신자의 생각과 행동을 변화시켜 발신자가 원하는 방향으로 행동을 유도해야 하기 때문에 신뢰도가 중요하다. 신뢰를 바탕으로 한 발신자의 메시지는 잠재고객의 불확실성을 줄일 수 있어서 효과적인 커뮤니케이션이 일어날 수 있도록 한다. 공연에 있어서 발신자는 공연기획자와 공연홍보 담당자들이 그 역할을 담당하게 된다.

● 수신자(receiver)

수신자는 잠재고객 혹은 잠재관객으로 자신이 원하는 메시지를 접하게 되면 바로 반응하게 된다. 특히 발신자의 정보를 수신자가 잘 알고 있다면 더욱 빠르게 반응하게 된다. 수신자는 불특정 다수이기 때문에 각자 처해진 환경과 생각 그리고 사회적 상황이 다르고 예술에 대한 선호도 차이가 있기 때문에 각자 다른 방식으로 발신자의 메시지를 해석한다. 더 나아가 메시지를 자신의 방식대로 잘못 해석하기도 한다. 따라서 메시지를 기획할 때는 발신자의 입장에서가 아니라 수신자의 입장에서 이해하기 쉽도록 해야 한다.

● 메시지(message)

커뮤니케이션이 성공하기 위해서는 발신자가 의도하는 메시지(messages)에 수신자가 반응할 수 있어야 한다. 따라서 수신자를 이해시키기 위한 메시지를 기획하는 것이 중요하다. 메시지는 글이나 목소리를 이용한 언어만을 나타내는 것이 아니라 이미지, 태도, 디자인 등으로도 전달될 수 있다. 공연홍보마케팅에서는 홍보인쇄물이나 인터넷에 사용되는 디자인, 문구, 광고들이 이에 해당된다. 메시지 작성시 발신자는 수신자의 입장에서 생각해야 한다. 전문 용어나 수신자의 관심을 당길 수 없는 메시지를 전달한다면 수신자인 잠재관객들은 난해한 공연으로 인식하고 불확실성이 높아져서 구매를 방해하는 요인이 될 수 있다.

● 채널(channels)

수신자에게 메시지를 전달하기 위해서 활용하는 방법이 채널(channels)이다. 채널은 수신자마다 다르게 반응하기 때문에 정확한 타깃관객을 정하고 기획해야 한다. 홍보마케팅에서 가장 중요한 채널인 매스 미디어(대중매체)는 TV, 라디오, 신문, 잡지 등이다. 기술발달로 다양한 매스 미디어가 등장하였는데, 19세기 후반 신문이 등장하였고 그 다음 20세기 초반 라디오와 TV가 등장하면서 매스 미디어의 주류가 되었다. 20세기 후반에는 개인 컴퓨터와 인터넷 그리고 스마트폰이 나오면서 전통적인 매스 미디어의 영향력이 달라지고 있다. 1인 미디어 혹은 퍼스널 미디어의 등장은 새로운 채널로 개인들의 구매에 가장 영향력을 미치고 있다. 유튜브, 블로그, 인스타그램, 페이스북 등이 대표적인 1인 미디어다. 해시태그, 댓글, 공유 등의 기능으로 빠른 속도로 확산되고 정보교류가 가능해 여론형성이 가능하다. 무엇보다 수신자에 도달하는 채널의 영향력과 효과면에서 과거 전통적인 매스 미디어, 즉 레거시 미디어의 영향력이 점차 떨어지는 반면 온라인을 기반으로 한 SNS와 1인 미디어가 훨씬 효과가 있는 것으로 조사되고 있기 때문에 공연 홍보마케팅에서도 이를 적극적으로 활용해야 한다.

● 피드백

피드백(feedback)이란 발신자의 메시지에 수신자가 반응하는 것이다. 피드백은 커뮤니케이션이 효율적으로 이루어지고 있는지 판단할 수 있는 좋은 방법이다. 공연홍보마케팅에서는 타깃관객들이 공연에 대한 불확실성을 해소하기 위해 기존 관객들의 공연 후기를 참고해서 공연관람을 결정하는 경우가 피드백의 긍정적 역할의 예라고 할 수 있다. 또한 홍보마케팅의 문제점을 파악하는 데도 활용할 수 있다. 인터넷과 1인 미디어가 발달하면서 빠른 피드백의 중요성이 공연홍보마케팅에도 긍정적인 영향을 미치고 있다.

2) 효과적인 커뮤니케이션의 요소

공연홍보마케팅 커뮤니케이션의 목적은 타깃관객이 공연을 인지하고, 공연에 대한 긍정적인 인식을 가지고 궁극적으로 구매로 연결되는 것이다. 그리고 구매 후에는 지인들에게 입소문을 내고 이는 다시 구매로 이어지는 과정들이 일어나는 것이다. 이로 인해 잠재관객들을 관객으로 전환할 수 있는 좋은 기회가 된다. 커뮤니케이션의 효과를 높이기 위해서는 아래의 요소들을 먼저 검토해야 한다.

● 신뢰성

발신자의 신뢰도가 있어야 메시지의 신뢰성도 높아지게 된다. 신뢰성 구축은 먼저 홍보한 내용에 대한 변동이 없을 때 1차적으로 구축된다. 공연시간, 출연자, 공연프로그램 등의 변경이 없어야 하며 홍보문구도 관객들의 신뢰도에 영향을 미친다. 과장된 홍보문구에 실망한 관객들은 비판적인 공연후기를 쓰게 되는 계기가 된다. 작품의 수상경력, 대중매체 보도 등이 있으면 활용하는 것이 신뢰도를 높이는 데 가장 좋은 방법이고, 그렇지 않다면 연출, 배우들의 프로필과 작품의 기획의도를 타깃관객 입장에서 정리하여 관람권 구매로 이어지게 한다.

● 우수성

발신자가 제공하고 있는 내용, 즉 공연이 우수해야 한다. 공연작품과 출연자 등이 우수해야 커뮤니케이션의 효과를 높일 수 있다. 대부분의 관객들은 공연관람을 결정할 때 출연자와 작품을 우선적으로 검토하기 때문이다. 좋은 작품이나 출연진의 경우 홍보마케팅 담당자의 경우 자신있게 작품을 추천할 수 있고 기자나 기업협찬의 반응도 높아진다. 당연히 타깃관객들도 긍정적으로 반응하게 된다.

● 상황성

공연내용과 출연자 그리고 홍보문구(메시지) 내용이 사회의 현실과 맞아야 한다. 사회적 환경에 따라 홍보문구를 신중히 결정해야 하고 작품내용이나 출연자도 현재 사회의 다양한 문제에 부합한다면 타깃관객들의 관심이 더욱 높아질 수 있다. 예를 들어 최근 미투와 여성평등 문제 등으로 여성의 인권신장에 대한 관심이 높아지고 있다. 이런 문제를 다루고 있는 작품을 개발하고 이를 적극적으로 언론매체 보도로 활용하면 관객들의 관심을 끌기에 효과적이다.

● 명확성

발신자는 타깃관객들에게 전달하고자 하는 메시지, 즉 홍보문구를 명확하게 기획해야 한다. 수신자인 타깃관객의 경우 처해진 상황에 따라 메시지를 다르게 해석할 수 있기 때문에 관객 입장에서 명확하게 메시지를 기획해야 한다. 특히 공연홍보마케팅을 실시한 후에는 공연시간, 장소, 출연진, 공연프로그램, 홍보문구 등의 변동이 없어야 하고 일관된 메시지를 타깃관객들에게 전달해야 한다.

● 일관성

공연홍보마케팅에서 일관성을 가지고 메시지를 전달해야 관객들은 신뢰가 쌓이고 작품에 대한 인지를 쉽게 하게 된다. 예를 들어 처음 작품 개발시 공연의 컨셉

타깃을 30대 여성으로 두고 거기에 맞는 결혼과 육아에 대한 메시지를 전달하다가 타깃 확장을 위해 20대 여성의 연애나 직장 문제 등으로 공연 카피와 문구들을 바꾸기 시작하면 오히려 관객 입장에서는 혼란만 가중될 뿐이다. 명확한 타깃을 정하고 처음 기획한 메시지를 일관되게 정하는 것이 효과적이다. 또한 홍보마케팅 담당자의 교체 없이 일관성을 가지고 작품을 진행하는 것이 좋다. 담당자의 잦은 교체시 일관적인 메세지 전달이 어려워지고 언론사의 기자들이나 관계자들에게 혼선을 빚게 된다.

● 다양성

상황에 따라 기존의 전통적인 홍보매체들도 활용하면서 최소한의 비용으로 최대의 효과가 나올 수 있는 다양한 매체들을 찾고 활용해야 한다. 이렇게 다양한 매체 홍보 후 반드시 보도건수나 홍보효과를 수치로 분석해야 한다. 그래야 다음 공연 때 어느 매체를 활용하는 것이 더 좋은지 담당자의 노하우가 쌓이게 된다. 예전보다 효과가 떨어졌지만 레거시 미디어(legacy media), 즉 신문이나 라디오, 잡지를 통한 언론홍보를 최대한 활용하면 공연작품과 공연단체의 공신력을 확보할 수 있고 따라서 기업 메세나와 공공지원 신청시 긍정적으로 작용할 수 있다. 그 외에 사회적 이슈에 따라 타깃층에 도달할 수 있는 채널을 적극적으로 찾고 시도해봐야 한다.

● 수용성

홍보마케팅의 대상은 수신자, 즉 관객임을 잊지 말아야 한다. 마니아 관객들을 대상으로 한다면 해당 장르에 대한 전문적인 지식을 홍보에 활용할 수 있겠지만 대부분의 타깃관객은 전문적인 지식을 갖추지 않은 일반인들이기 때문에 수신자의 입장, 즉 일반적인 타깃관객을 대상으로 홍보마케팅 메시지를 기획해야 한다. 이해하기 쉬운 단어, 이미지 등을 활용하여 관객들이 부담 없이 공연장을 방문할 수 있도록 유도하여야 한다. 마니아들을 위해서는 별도로 깊도 있는 인터뷰나 작품 설명, 연습실 공개 등을 기획하여 제공할 수도 있다.

효과적인 커뮤니케이션 요소 요약

- **신뢰성**: 발신자(공연기획자, 홍보마케팅담당자)와 메시지(공연홍보내용)가 신뢰성이 있어야 한다.
- **우수성**: 제공하는 정보(공연)의 내용이 우수하여야 한다.
- **상황성**: 메시지 내용과 기획프로그램이 사회현실과 부합하면 좋다.
- **명확성**: 메시지 전달이 왜곡되지 않도록 정확한 메시지를 기획해야 한다.
- **일관성**: 전달하고자 하는 메시지와 담당자가 일관적이어야 한다.
- **다양성**: 홍보매체를 다양하게 시도해본다. 현수막, 포스터, 신문, 잡지, 라디오, 인터넷 등 되도록 다양한 매체를 활용하여 작품별로 어떤 매체가 효과적인지 노하우를 쌓고 많은 잠재관객들이 접할 수 있도록 한다.
- **수용성**: 수신자(관객) 입장에서 이해하기 쉬운 단어를 사용하고 홍보 인쇄물도 작품의 내용을 파악할 수 있도록 디자인한다.

2. 공연 커뮤니케이션의 이해

공연 커뮤니케이션은 단지 우수한 공연을 제작해 적절한 가격정책으로 관객이 쉽게 접근할 수 있는 유통경로에 가져다 놓는 것 이상을 요구한다. 관객이 공연관람권을 구매하도록 관객을 대상으로 공연의 정보를 제공하고 설득하는 모든 노력을 의미한다.

커뮤니케이션, 즉 의사소통은 두 사람 이상이 서로의 생각을 교류하는 것이다. 혼자 일방적인 내용을 전달하는 것에서 이제는 서로 교감하고 공감하면서 의사소통을 이루어나가는 것이 필요하다. 공연홍보마케팅은 공연을 기획하는 기획자와 예술가들이 공연의 기획의도를 효과적으로 전달하여 타깃관객이 공연장으로 발길을 옮길 수 있도록 유도하는 것이다. 무료공연의 경우도 홍보마케팅의 역할이 중요하지만 유료공연에서의 홍보마케팅의 역할은 공연의 매출과 긴밀한 연관이 있다. 공연의 성공을 흔히 관객수, 관람권 판매금액을 가지고 판단하고 있는데 이는 공연의 성공을 경영측면으로만 접근한 것이다. 공연 자체 질적 수준의 성공과 이에 대한 평가도 중요하다는 것을 간과할 수 없다. 하지만 관람료 수입이 안정적인 공연단체 운영의 기반인 만큼 공연홍보마케팅의 역할이 점점 확대되고 있다.

앞에서도 살펴보았듯이, 관객들이 공연장을 찾아 공연을 관람하는데 많은 장애요소들이 있다. 특히 접근성과 소요비용 그리고 시간은 관객들에게 공연관람을 쉽게 포기하게 하는 원인이 되고 있다. 이러한 장애를 극복하고라도 공연장에 직접 방문해서 공연을 관람하도록 하기 위해서는 효과적인 커뮤니케이션에 대한 이해를 바탕으로 공연홍보마케팅전략을 마련할 필요가 있다.

크게 광고, 대인판매, 판촉활동, 언론홍보로 나눌 수 있는데, 이 과정에서 생성되는 가격이나 공연물의 특성에 대한 메시지, 디자인 등도 관객에게 의미를 전달한다는 면에서 커뮤니케이션이다. 그뿐만 아니라 작품의 구전효과도 포함된다. 이런 의미에서 관객 관계를 구축하기 위해 사용되는 네 가지 주요 촉진도구의 정의를 설명해본다.

1) 광고

광고란 대중을 상대로 비용을 들여 상품 및 서비스를 소개하고 홍보하는 모든 형식의 활동을 의미한다. 광고는 비용과 효과에 따라 다양한 방식이 있다. 광고는 다음과 같은 특징이 있다. 먼저 가장 공개적인 방식의 커뮤니케이션이다. 광고로 만들어져 표준화된 내용이 사람들에게 알려지고, 다수가 같은 메시지를 받게 된다. 또한 광고는 침투력이 있다. 판매자가 하나의 메시지를 반복하면서 대중에게 침투시키는 방법이다. 광고를 통해 구매자들은 경쟁상품들이 전하는 메시지를 비교할 수 있다. 상품을 극적으로 과장해 전달하게 되는 특징도 있는데, 지나치게 되면 의도했던 메시지가 희석될 수 있다. 한편 소비자는 광고에 주의를 기울이거나 반응할 의무를 느끼지 않을 수 있다.

광고는 공연장, 예술단체의 장기적인 이미지 형성을 위해 이용할 수도 있고 단일 공연의 즉각적인 관람권 판매를 위해 이용할 수도 있다. 불특정 다수에게 작품을 홍보할 수 있는 가장 효율적인 방법이다.

2) 대인판매

타깃고객의 행동을 변화시키기 위해 개인 간의 영향력을 시도하는 모든 활동을 의미한다. 이는 소비자의 의사결정 과정의 초기단계, 소비자가 선호나 확신을 형성하는 단계에서 가장 효과적인 수단이 된다. 대인판매는 광고에서 찾기 힘든 특성이 있다. 사람들 사이에서 이루어지는 상호적인 관계를 바탕으로 하므로 상대방의 요구와 특성을 밀접하게 관찰할 수 있으며 이에 따라 즉각적인 반응을 할 수 있다. 또한 이를 통해 판매자와 구매자는 개인적인 친분관계로까지 발전할 수 있다. 판매자는 고객의 장기적인 관심을 유지할 수 있도록 진심으로 노력하게 된다. 또한 타깃고객의 반응을 바로 관찰할 수 있다. 가장 대표적인 대인판매는 공연단체나 기관의 후원회 조직이나 회원제 가입이다.

개인의 공연관람 이력을 바탕으로 후원회 가입을 안내하거나, 특정 예술가나 공연에 관심이 있는 개인에게도 판매가 가능하다. 개인의 취향을 파악하여 관람권을 판매하고 장기적인 관점으로 후원회 조직을 한다는 점에서 기업의 이미지 쇄신과 사회환원 일환으로 후원을 하는 메세나(mecenat)와는 차이점이 있다. 공연장 로비에 직접 정기회원이나 후원회원 신청을 받는 탁자를 설치해서 공연을 보러 온 관객에게 홍보를 하고 즉석에서 회원신청을 받을 수 있다. 일단 그 공연에 관심을 갖고 온 관객이기 때문에 적극적인 설득이 가능하다. 이 경우 잠재관객이 될 사람들과 대화를 나누고 설득하는 담당자의 역할이 무엇보다 중요하기 때문에 예비교육을 철저히 해야 한다. 텔레마케팅도 대인판매 중 하나의 방법이었으나 최근에는 점차 하지 않는 추세다. 보통 공연관람 이력이 있는 관객에게 시즌 공연 안내 브로슈어를 우편으로 보내고 있지만 이 또한 이메일 발송 및 모바일 쿠폰 등으로 대체되고 있다.

회원제와 후원제의 차이

- **회원제**: 회원제도는 크게 무료회원제도와 유료회원제도로 구분할 수 있다. 무료회원제도는 이름과 이메일 혹은 주소 등 간단한 정보만을 수집하여 정기적으로 프로그램에 대한 소식과 홍보자료 등을 배포하는 것이다. 잠재관객을 발굴하는 기반이 되며 나아가 유료회원 혹은 후원 회원으로 발전하는 기초가 된다. 유료회원제도는 1년 혹은 한 시즌을 단위로 일정액의 회비를 정기적으로 납부하도록 하고 이에 따라 티켓할인제공 등 몇 가지 혜택을 주면서 회원으로 관리하는 제도다.
- **후원회**: 정기회원제도가 정착되면 개인지원자들로 후원회를 구성할 수 있다. 공연단체나 기관에 관심과 선호를 갖고 있는 잠재지원자들을 관리하면서 안정적인 재원을 확보할 수 있어 장기적인 마케팅전략 수립이 가능하다.

3) 판촉활동

상품 및 서비스의 구매를 유도하기 위한 쿠폰이나 특별혜택 등 단기적인 인센티브로 구성된다. 판촉활동의 특징은 소비자들의 관심을 끌게 해주며 소비자들이 상품을 접할 수 있는 정보를 제공한다. 또한 소비자가 가치 있다고 느끼는 사은품이나 혜택, 인센티브를 제공한다. 대표적인 예로는 '소셜커머스 할인'과 '타임세일'이다. 공연은 다른 소비재와 달리 같은 작품이더라도 캐스트나 극장의 입지조건, 경쟁작품에 따라 일별 티켓판매 현황이 달라진다. 판매실적이 저조한 회차를 미리 파악해서 정해진 시간 내에 구매하면 할인된 가격으로 티켓을 살 수 있도록 하는 마케팅이다. 소셜커머스를 통한 할인판매가 가장 활발한데 그 중 연극과 뮤지컬 장르에서 가장 폭넓은 공연 할인을 제공하는 곳은 위메프다. 공연별로 40~50% 할인을 제공하고 예매수수료도 받지 않는다. 주의할 점은 등급별 좌석지정이 불가능하고 공연일자 선택이 제한된다는 단점도 있다. 보통 인기가 많은 배우가 출연하는 회차의 경우는 소셜커머스에 할인이 등록되지 않고 그 외 판매가 저조한 회차만 할인구매가 가능하다. 또한 국내 최대 공연티켓 판매처인 인터파크는 매일 아침 10시에 '굿모닝티켓', 혼자 공연 관람하는 관객을 위해 '혼공쿠폰', 지금 가장 핫한 공연을 저렴한 가격에 만날 수 있는 '핫딜쿠폰' 등 다양한 할인을 제공한다. 소셜커머스의 할인과 마찬가지로 보통 공연 제작사들을 통해 판매가 저조한 회차만 할인이 제공된다는 점에서 비슷하고, 타임세일의 경우에는 당일 한정으로 진행된다는 차이점이 있다. 인터파크 티켓의 SNS나 카카오 플러스 친구 채널을 통해 깜짝 세일 모바일 쿠폰을 발행하여 관객 구매효과를 높일 수도 있다. 하지만 이런 판촉활동은 판매침체에서 벗어나는 단기적인 방법으로 활용할 수 있지만 고객들의 장기적인 선호를 유지하는 데는 효과적이지 않다.

출처: 인터파크

4) 언론홍보

언론홍보는 언론매체에 실린 공연 소개나 리뷰를 통해 공연관객들에게 신뢰감을 형성하는 커뮤니케이션 전략으로 활용할 수 있다. 대인판매나 광고를 기피하는 잠재적인 관객들의 구매동기요인이 되기도 한다. 광고에 비해 소요비용이 저렴하다는 장점도 있는데, 미디어와 관계 형성과 담당자의 시간과 노력에 대한 급여, 보도자료를 제작하기 위해 소요되는 경비 정도가 포함된다.

3. 공연 커뮤니케이션 전략 수립 과정

공연 커뮤니케이션 전략 수립 과정은 공연시장 상황과 공연을 분석하는 것으로 시작해, 목표를 수립하고, 타깃관객을 결정하여 메시지를 개발한 다음 필요한 예산 배분 과정을 거친다. 커뮤니케이션을 진행한 후 마지막에는 결과를 평가하고 효과측정도 진행하여야 한다.

1) 공연시장 상황 분석

공연의 특징과 공연시장 상황을 분석하고 파악해야 한다. 공연의 인지도, 공연장의 위치, 경쟁사·자사의 공연 포지셔닝 비교, 가격, 유통 그리고 공연의 상대적 강점과 약점 등을 분석해야 한다.

2) 커뮤니케이션 목표의 수립

공연시장 상황 분석을 통해 커뮤니케이션의 문제를 파악하고 목표를 수립한다. 예전에는 커뮤니케이션의 목표를 보통 관람권 판매로 설정했다. 하지만 매출액에는 공연 커뮤니케이션 요소뿐 아니라 공연의 작품성, 가격, 유통 등이 복합적으로 영향을 미치기 때문에 정확하게 요소별 영향력을 구별해내기 어려우므로 매출액만을 커뮤니케이션의 목표로 하는 것은 한계가 있다. 따라서 인지, 태도, 구매의도 등 커뮤니케이션 효과의 창출에 목표를 두는 것이 바람직하다. 하지만 커뮤니케이션의 목표는 구체적이고 계량적이어야 한다. 예를 들어 "공연 인지도를 현재 50%에서 70%로 한 달 후까지 도달시킨다"와 같은 형태가 된다.

3) 타깃관객 선정

공연 커뮤니케이션 전략 수립을 위해서는 타깃관객을 선정해야 한다. 목표시장과 타깃관객은 차이가 난다. 목표시장 중에서 해결이 필요한 커뮤니케이션 문제와 기회에 초점을 맞추어 타깃관객을 선정해야 한다.

4) 커뮤니케이션 예산 수립

커뮤니케이션 예산 결정 방법에 영향을 미치는 몇 가지 요인이 있는데 하나는 공연수명주기 단계와 명성이다. 초연이나 공연시작 초입에는 인지도를 형성하고 구매를 이끌어내기 위해 가능한 많은 광고와 판촉활동이 필요하다. 관객층이 확보된 공연물은 이러한 노력의 일부를 줄이고, 타깃관객에게 메시지를 전하는 데 중점을 둘 수 있다.

예산 수립 시 고려해야 할 점은 공연 그 자체다. 유명한 배우, 인기 있는 장기 레퍼토리, 호의적인 평론 덕분에 다른 공연보다 더욱 매력적으로 보이는 공연이 있다. 이런 경우라면 홍보마케팅에 비교적 적은 비용이 들지만, 만약 작품의 평이 좋지 않다면 커뮤니케이션 전략 수립에 어려움을 겪게 된다. 촉진예산은 관객의 반응, 공연마다 모두 다르기 때문에 유동적으로 예산이 반영되어야 하며 공연이 호평을 얻거나 관객의 입소문이 확산되면 광고효과를 더욱 높일 수 있다.

가장 어려운 의사결정은 커뮤니케이션 비용이다. 효과에 대한 정확한 예측과 분석을 해야 제대로 예산을 배정할 수 있다.

4. 위기관리 커뮤니케이션

인지도가 높아지고 공연이 알려질수록 위기관리가 필요하다. 특히나 갑작스런 배우의 교체, 무대사고, 자연재해 등으로 인한 공연 취소 등 예측하지 못한 일이 발생할 수 있고 홍보마케팅 담당자는 이에 따라 외부에 적정하게 대처할 수 있는 커뮤니케이션 메시지를 전달해야 한다.

1) 일관된 미디어 커뮤니케이션

홍보마케팅 담당자는 위기상황에서 발생된 사안에 따라 전문가의 의견을 구하고 신속한 처리 대책을 마련해야 한다. 미디어와 원활한 커구니케이션을 위해 보도자료를 작성하고 기자회견 등을 준비한다. 커뮤니케이손을 전담할 담당자도 일원화해야 한다. 미디어와 커뮤니케이션 시에는 일관된 톤으로 대내외 커뮤니케이션이 이루어지는 것이 가장 중요하다. 가장 중요한 것은 신속성이다. 위기상황에서 첫 입장 발표는 신속하게 이루어져야 하는데, 완벽할 필요는 없다. 최소한의 정보를 주는 것이 아무런 정보를 주지 않는 것보다 나은 방법이다. 첫 입장 발표 시에는, 첫째 위기상황을 인정하고, 둘째 사실만을 전달하고, 셋째 원인규명에 최선을 다하고 향후 더 많은 정보를 제공하겠다고 약속한다.

2) 공연단체 대표의 위기관리 커뮤니케이션

위기가 발생했을 때 누구보다 대표가 대변인 역할을 맡아야 한다고 생각하는 경우가 많다. 그러나 위기상황에서 대표는 비즈니스 운영 관리를 책임져야 하기 때문에 대표가 직접 대응하는 데까지는 몇 시간이 걸릴 수드 있기 때문에 사안에 따라 각 분야의 책임자가 신속하게 대응에 나선다. 그러나 간약 인명피해 등과 같은 심각한 위기상황이라면 대표가 직접 나서서 사죄를 구하고 해명하는 게 바람직하다. 그래야만 진정성 있게 느껴진다.

3) 내부 커뮤니케이션 전략

위기상황에서는 내부 커뮤니케이션 전략을 수립하는 것도 중요하다. 사건이 발생했을 때 가장 관심을 두어야 할 부분은 공연단체 내브이다. 만약 내부 직원이 언론에 잘못된 정보를 전달할 경우 부정적인 기사로 이어져 치명적인 피해를 입힐 수 있다. 위기상황에서는 내부정보가 외부로 노출되는 것을 통제하는 것이 우선이기 때문에 홍보 담당자를 대변인으로 정하고, 모든 커뮤니케이션은 반드시 대변인을 통해서만 이루어지도록 한다. 위기상황에서는 조직구성원 모두가 위기관리 절차와 내용을 숙지하고 있는 것이 중요하다. 이를 위해서는 평상시에 위기관리 매뉴얼을 만들어 교육하고 훈련할 필요가 있다.

Chapter 4

공연홍보와 마케팅의 역할

1. PR의 수단
2. 언론홍보와 광고의 차이
3. 공연홍보의 종류
4. 공연홍보마케팅 주요 매체

공연홍보마케팅 커뮤니케이션의 궁극적인 목적은 관객을 설득 후 관람권구매로 이어지게 하는 것이다. 타깃관객들에게 공연장에서 공연을 보고 싶은 마음이 들도록 공연의 가치를 알리고 설득해야 한다. 초연이나 아직 대중에게 많이 알려지지 않은 공연의 경우 기사리뷰, 평론가의 호평, 관객들의 공연후기를 통해 관객이 작품성에 대해 인정할 수 있도록 하고, 공연을 통해 관객이 얻을 수 있는 혜택을 타깃관객에게 전달하여 관람권을 구매하도록 설득해야 한다. 이렇게 잘 전달된 기획의도와 공연의 가치는 타깃관객들이 공연에 대한 호감을 갖도록 하고 결국 관람권을 구매하여 공연장을 방문하도록 이끈다.

1. PR의 수단

1) PR

PR(public relations)은 왕이 행차를 할 때 이에 앞서 메신저를 미리 보내 그 소식을 전했던 것에서 유래했다. PR의 기능은 19세기 말 기업들이 자신들의 이익에 맞는 우호적인 입장이 형성되도록 하기 위해 입법관계자들에게 로비활동과 언론대응 업무를 하면서 시작되었다. PR은 Public Relations의 약자로 공중 및 모든 이해관계자들과 긍정적인 관계를 맺기 위한 커뮤니케이션 활동을 의미한다. 목적은 공중을 대상으로 이미지의 제고, 제품의 홍보를 하는 것이다. 여기서 공중은 일반 소비자인 관객들 더 나아가 정부관계자, 공연제작 관계자 등을 모두 포함할 수 있다. PR은 광고보다 범위가 더 넓고 홍보와 비슷한 면이 있지만 더 넓은 의미이다. PR의 수단으로 홍보, 광고, 선전이 있다. PR과 홍보의 차이는 PR은 공중으로부터 피드백을 받고 쌍방향으로 소통하는 쌍방향 커뮤니케이션이라면 홍보는 공중을 대상으로 일방적인 커뮤니케이션을 한다는 것이다. 또한 PR은 마케팅과 달리 단순히 이익창출에 목적을 두는 것이 아니라 공중과 관계를 잘 구축하면 결과적으로 이익을 가져다 줄 것이라는 '믿음'이다.

2) 홍보

홍보(publicity)는 '널리 알린다'라는 뜻으로 계획·활동·업적 등을 널리 알리는 활동을 의미한다. 목적은 공중(public)의 이해 또는 신뢰감을 높이고 우호적인 관계 및 이미지를 형성하는 것이다. 광고와의 차이가 있다면, 홍보는 당장의 매출보다는 장기적으로 제품이나 서비스 그리고 기업의 이미지나 인지도를 높이려는 활동이다. 불특정 다수를 대상으로 하기 때문에 대중에 의해서 자연스럽게 전파되는 메시지를 전달한다.

PR은 홍보에서 더 나아가 이해관계자와 좋은 관계를 구축하고 지속하는 것까지를 포함한다. 왜냐하면 알리는 것으로는 좋은 이미지를 만드는데 성공했다고 볼 수는 없기 때문이다. 두 개념이 같은 의미로 사용된 이유는 우리나라에서는 예전부터 언론매체를 통해 알리는 홍보위주의 PR활동을 중점으로 해왔기 때문이다. 또한 PR은 홍보보다는 좀 더 관리적인 측면이 더 포함되어, 단체나 개인이 관련되어 있는 이해관계자와의 커뮤니케이션을 통해 서로 이상적인 관계를 만들어 나가고, 지속하기 위하여 노력하는 모든 과정으로 정의너릴 수 있다.

3) 광고

광고(advertising)는 개인이나 기업 또는 단체가 상품이나 서비스 등을 알리고 소기의 목적을 거두기 위해 진행하는 모든 홍보행위를 의미한다. 미국마케팅협회의 정의에 따르면 '광고란 누구인지를 확인할 수 있는 광고주가 하는 일체의 유로형태에 의한 아이디어, 상품 또는 서비스의 비대개인적 정보제공 또는 판촉활동'이다. 즉 소비자에게 상품을 알리기 위한 하나의 수단으로 볼 수 있다. 보통 글이나 그림, 음성 등 시청각 매체를 이용한다. 금전적 이득을 발생시키기 위해서 광고주는 광고매체 비용을 지불한 후 특정 타깃을 대상으로 상품이나 서비스를 노출시켜 소비자들에게 알리고 매출상승 효과를 얻길 원한다.

광고와 흔히 혼동해서 쓰는 PR과 선전의 차이는 '누구인지를 확인할 수 있는' 그리고 '유료'라는 관점에서 광고와 다르다. 홍보나 선전은 광고처럼 일정한 광고료는 내지 않으며 홍보나 선전을 하는 주체가 분명하게 밝혀지지 않을 수도 있다.

4) 선전

라스웰에 따르면 선전(propaganda)은 표상을 조작함으로써 인간의 행동에 영향을 미치는 기술이다. 이러한 표상은 언어, 문자, 그림 또는 음악 등의 형태로 나타난다. 제1차 세계대전 후 나타난 선전분석은 최초의 매스 커뮤니케이션 효과이론의 하나로 평가된다. 일곱 가지 선전기법은 매스 커뮤니케이션에서 널리 사용되는 기법의 목록을 제공한다.

16세기 그레고리우스 13세 통치하의 로마에서 신앙의 보급(데 프로파간다 피데)을 위한 교단이 설립되었는데, 이때의 '프로파간다'라는 라틴어를 그대로 '선전'이라는 뜻으로 사용하게 되었다. 처음에는 종교의 보급을 위해 사용되었지만, 오늘날의 선전은 인간생활의 특정 분야에 국한하지 않고, 종교·도덕·정치·사상·경제 등 광범한 분야에 이르고 있다. 상품에 대한 소비 대중의 구매욕을 자극하기 위한 상업선전은 광고로 구별한다.

7가지 선전의 기법으로는 매도하기, 미사여구, 전이, 증언, 서민적 기법, 카드 속임수, 부화뇌동이 있다.

2. 언론홍보와 광고의 차이

홍보와 광고의 차이를 확실히 알아야 PR 활동의 정확한 이해가 가능하다. 홍보를 통해 인지도 그리고 공신력을 확보하고 광고를 통해 홍보의 시너지효과를 높일 수가 있다.

1) 언론홍보

언론홍보는 보도자료를 기자에게 보내고 기사가 나와도 비용을 지불하지는 않는다. 기자는 보도자료를 받고 그 내용을 판단해 공공성과 사회성을 바탕으로 독자들에게 관심을 일으킬 수 있는 뉴스가치가 있을 경우 기사화한다. 이 모든 과정에서 홍보 담당자는 신문사에 비용을 지불하지 않는다. 상업적 거래로 이루어지는 것이 아니기 때문에 독자들에게 신뢰도를 줄 수 있는 장점이 있다. 보도매체의 기사는 입장료 매출에 당장에 도움이 되지 않더라도 지역사회, 오피니언리더, 정부, 기업, 타깃관객들에게 긍정적인 영향을 미치게 된다. 더 나아가 공연의 인지도가 높아져 다양한 재원조성과 좋은 인재를 확보하는 것에도 영향을 주게 되어 공연단체의 안정적인 운영에도 도움을 줄 수 있다. 그리고 신뢰성을 확보한 뉴스는 바이럴효과, 즉 입소문에 효과적이다. 보도자료는 홍보 담당자가 공연의 가치와 정보의 우선순위를 파악해서 직접 작성한 후 기자에게 발송하지만 보도되는 기사내용은 기자와 언론사에서 판단 후 작성되기 때문에 기사시기와 내용, 길이, 사진유무는 통제할 수 없다. 평상시 기자와의 관계구축이 중요한 이유 중 하나이다. 홍보 담당자가 뉴스의 가치가 있는 보도자료를 꾸준히 제공하여 기자와 신뢰관계가 구축되면 더 많은 정보를 제공할 수 있는 기회를 얻게 되고, 추후 발생될 악평이나 오보 등으로 일어나는 위기관리도 사전에 방지하거나 효과적으로 대응할 수 있게 된다.

2) 광고

광고는 위치, 크기, 노출기간, 클릭수 등에 따라 광고비가 책정된다. 신문의 지면이나 방송시간을 돈으로 사서 대중에게 제공하는 것으로 광고에 사용되는 문구, 디자인 크기, 위치 등은 직접 작성하고 결정할 수 있다. 하지만 거래로 이루어지고 과장된 내용을 담고 있다고 판단되어 기사(뉴스)에 비해 신뢰도가 높지 않고 매출에 대한 영향력도 담보할 수 없다. 하지만 광고는 기사보다 많은 사람들에게 노출되는 장점이 있다. 또한 방송광고 등 많은 대중에게 노출되는 광고매체는 높은 광고비가 필요하기 때문에 공연홍보마케팅 예산에 맞는 매체별 분석과 효과 평가를 동시에 하는 것이 중요하다.

3. 공연홍보의 종류

최근 온라인 환경이 급속도로 변화되면서 소셜미디어(social media)는 기존의 전통적인 홍보매체(legacy media)의 효과를 뛰어넘는 새로운 소통창구 역할을 하고 있다. 공연홍보는 단순히 입장권 판매를 높이는 과정으로 인식될 수 있으나 더 나아가 공연단체나 공연의 인지도를 높이는 데 그 목적을 둘 수 있다.

1) 언론홍보

언론홍보는 가장 전통적인 홍보방법으로 보도자료를 작성하여 공연에 대한 객관적인 정보를 기자들에게 제공하는 것이다. 신뢰성을 높이는데 가장 효과적인 방법이기도 하다. 언론홍보의 대상은 신문, 방송, 관련 잡지 등으로 예전에는 그 파급효과가 매우 컸다. 주요 일간지에서 공연 리뷰가 소개되면 관람권 판매량에도 영향을 미치는 수준이었으나 현재는 과거와 같은 효과를 기대하기 힘들다. 이런 변화는 SNS, 유튜브 등 다양한 매체들이 나타나면서 타깃관객에게 도달하는 매체 환경이 달라졌기 때문이다. 하지만 여전히 신문과 방송, 잡지 등 전통매체는 공연단체와 공연에 대한 공신력을 확보하는 데 가장 적합한 방법이다.

2) 홍보인쇄물

포스터, 리플릿(전단) 등 홍보를 위해 기본적으로 제작하는 인쇄물은 SNS와 온라인 환경을 통한 정보제공으로 인해 제작 수량과 사용용도가 점차 줄어들고 있지만 공연홍보에서 꼭 필요한 도구이다. 특히 포스터 디자인은 여전히 중요하게 인식되어 공연의 내용이나 컨셉이 잘 담길 수 있도록 고려한다. 포스터는 다양한 매체 홍보를 위한 기본이며 대표 이미지가 되어 홍보의 통일성을 제공한다.

3) 온라인 홍보

공연정보를 온라인으로 제공하기 위해서는 대형 포털사이트, 티켓사이트 등에서 쉽게 관련 정보가 노출될 수 있도록 노력해야 한다. 관객들은 공연을 선택하기 전에 온라인으로 공연내용, 출연자, 관객리뷰 등을 보게 되는데, 과거에 비해 신문이나 방송 등의 보도보다는 이렇게 온라인으로 수집한 정보와 다른 관객들의 리뷰가 공연 선택에 더 중요한 역할을 미치고 있다. 그렇기 때문에 다양한 SNS와 유튜브, 블로그, 웹사이트 등의 온라인 매체를 이해하고 관객들과의 소통이 잘 이루어질 수 있도록 한다. 특히 PC 환경에서 모바일 환경으로 변화하는 환경을 이해하고 모바일 검색과 정보전달에 적합한 콘텐츠 구성과 디자인을 해야 한다.

4. 공연홍보마케팅 주요 매체

과거 공연홍보마케팅은 그 의미가 혼재하고 구분도 명확하지 않았지만 예술경영이론이 도입되면서 홍보와 마케팅을 구분하고 전문화하는 경향으로 변화하고 있다. 실제로 업무도 나뉘어져 홍보 담당자와 마케팅 담당자가 하는 역할과 기대가 다르다. 일반적으로 홍보는 일반인을 대상으로 다양한 매체를 통해 '알리는 것'으로 여길 수 있고 마케팅은 '가격정책을 세우고 광고와 프로모션'을 통해 관람권 판매를 극대화하고 관람권 판매와 관리를 포괄한다. 최근에는 각 공연장별로 고정관객 서비스 제공 및 잠재관객 개발을 위한 교육 프로그램을 전담하는 교육부서가 별도로 운영되기도 한다.

공연홍보마케팅에서 활용하는 매체는 공연의 타깃관객과 연결된다. 메시지를 전달하려는 타깃관객을 파악하고 쌍방향 커뮤니케이션을 원활하게 하기 위해서는 각 매체별 특징을 이해하는 것이 필수적이다. 대표적인 시각 홍보매체는 인쇄물로 신문, 잡지, 리플릿, 현수막 등이며 시청각 매체는 TV와 라디오, 그리고 인터넷 발달과 스마트폰 보급으로 인해 새롭게 등장하고 비중이 높아지고 있는 웹사이트, 블로그, 이메일, SNS, 유튜브 등으로 나눌 수 있다. 시청각 홍보매체는 one-way의 일방향인 데 반해, 인터넷을 통한 홍보는 two-way, 즉 쌍방향 커뮤니케이션으로 상호신뢰가 쌓일 수 있고 홍보마케팅의 문제점을 바로 인식할 수 있는 장점이 있다.

1) TV

TV를 통한 홍보방법은 뉴스보도나 문화 관련 프로그램에 소개되는 것이다. 최근에는 공연에도 영화배우나, 탤런트, 가수 등이 캐스팅되어 이들의 대중적 인지도를 바탕으로 연예프로그램이나 교양프로그램으로도 출연이 확장되고 있다. 그 효과는 뉴스보도나 기타 문화프로그램에 소개되는 것보다 훨씬 파급력이 있다. 하지만 이처럼 TV를 통한 공연의 소개는 영향력이 적은 공연이나 단체일수록 쉽게 활용하기가 쉽지 않다. TV 광고(TV Spot)는 대부분 유료로 진행되어 광고로 분류할 수 있다.

무엇보다 TV 홍보를 위해서는 좋은 영상을 준비해야 한다. 어렵게 잡은 노출 기회를 마땅한 영상이 없어서 놓치게 되거나, 영상의 질이 낮아서 대중의 주목을 끌지 못하는 경우가 대부분이다. 최근 개인 SNS나 유튜브 등의 채널 확대로 영상을 통한 소통의 시대라 해도 과언이 아니므로 홍보 과정에서 영상 준비는 세심하게 주의를 기울일 필요가 있다. 새로 제작되는 공연의 경우 영상자료가 부족할 수 있는데 연습이나 드레스 리허설 장면, 주요 스태프 인터뷰를 촬영하는 방법이 있다. 기존에 공연을 진행한 경우에는 공연실황 영상자료를 편집하여 보여주는 것이 가장 효과적이다. TV 광고는 제작비도 많이 들고 광고비도 가장 높지만, 파급효과는 크다.

최근에는 대형 뮤지컬이나 콘서트, 그리고 규모 있는 연극의 경우 TV 채널 문화사업팀에서 투자를 하는 방식으로 광고를 하는 방법이 있다. TV 채널은 자사가 보유한 광고 채널 노출비용을 환산하여 공연 제작비 대비 투자를 하고 추후 발생하는 이익을 나눈다. 방송사가 투자로 참여하는 만큼 프라임타임(prime time, 가장 TV 시청이 높은 시간대. 보통 9시를 전후한 오후 7시부터 11시까지를 말한다) 광고나 방송프로그램 중 하단 자막광고로 공연의 장소와 일시 등을 노출하기도 한다.

TV의 장점은 다수의 시청자를 접할 수 있어 입소문에 영향을 미치기 쉽고, 공연 협찬사를 쉽게 확보할 수 있는 장점이 있지만, 뉴스나 프로그램에 소개되기가 쉽지 않을 뿐 아니라 광고비가 비싸다는 단점이 있다.

2) 라디오

라디오로 활용할 수 있는 홍보방법은 라디오 초대권 이벤트와 라디오 스튜디오에 직접 출연하여 공연을 소개하는 것이다. 또한 TV 광고보다 저렴한 비용으로 라디오 광고도 가능하다. TV에 비해서는 영향력이 다소 떨어지지만 라디오는 TV보다 공연홍보에서 다양한 활용과 접근이 가능하다. 특히 라디오는 지역, 나이, 직업, 장르 등의 접근이 가능하기 때문에 타깃관객 접근에 용이하다. 그리고 청취자와의 친밀감이 생기는 특징이 있고 매일 실시간 방송을 하기 때문에 홍보의 적시성이 장점이다.

3) 신문

신문을 통한 홍보방법은 신문기사, 관계자 인터뷰, 공연 리뷰 그리고 광고 등이다. 과거 신문은 유료 구독자 중심이었지만 현재는 신문구독을 하는 대신 포털사이트에서 실시간으로 제공하는 뉴스를 확인하는 추세로 바뀌고 있기 때문에 종이매체보다 온라인으로 접근하는 대중이 훨씬 많아지고 있다. 신문은 매일 발행되기 때문에 홍보의 적시성이 높은데 매일 기사가 나와야 한다는 단점이 있다. 신문은 배포지역을 나누어 중앙과 지방으로 구별된다. 서울 소재의 신문사를 중앙일간지라 하고 지방 신문사는 지역지라고 부르기도 한다. 또한 신문사의 소재지와 내용에 따라 종합일간지와 지역지, 전문지로 나눌 수 있다. 신문의 장점은 공신력이다. 공연단체와 공연소식이 기사로 다뤄지게 되면 추후 홍보와 협찬사 선정에도 긍정적인 영향을 미치게 된다. 일반적으로 홍보 담당자가 작성한 보도자료를 통해 기자에게 공연소식을 전달하게 되는데 공연의 소개 및 중요 연출과 배우의 인터뷰, 그리고 공연을 추천하는 리뷰기사 등도 활용할 수 있다. 공연과 사회경제 트렌드에 맞는 기획기사를 만들 경우 문화면뿐만 아니라 사회면, 인물면 등 지면이 확장될 수 있다.

4) 잡지

잡지를 통한 공연홍보방법은 관계자 인터뷰, 공연기사, 공연리뷰 그리고 광고 등이다. 잡지는 발행빈도에 따라 그리고 잡지가 다루는 내용에 따라 분류한다. 신문보다 종류가 다양하고 특정 독자층을 대상으로 홍보할 수 있는 장점이 있다. 발행빈도에 따라 월간, 격월간, 계간 등으로 나눌 수 있다. 잡지의 장점은 전문지의 경우 공연의 타깃관객을 겨냥하여 홍보할 수 있고, 발행빈도에 따라 신문이나 TV에 비해 정보의 수명이 길다. 그리고 홍보에 적합한 사진을 활용할 수 있고 제한된 시간의 뉴스나 신문지면에 비해 많은 정보를 제공할 수 있다는 장점이 있다. 하지만 발행빈도로 인해 홍보의 적시성이 낮고, 구독자가 적기 때문에 홍보의 효과가 신문이나 방송에 비해 떨어진다.

5) 인터넷

포털사이트, 블로그, 웹사이트, 카페, 이메일, 페이스북, 인스타그램, 틱톡, 유튜브 등으로 활용하고 있는데, 인터넷의 장점은 메시지를 전달하는 측의 일방적 홍보가 아닌 쌍방향 소통, 타깃관객과 서로 소통할 수 있어 홍보의 효과에 대해 빠르게 인지할 수 있고 문제점을 빠르게 개선할 수 있다는 것이다. 시간적·공간적 제약을 받지 않고 동영상과 이미지 그리고 홍보문구 등 다양하게 활용할 수 있을 뿐 아니라 큰 비용이 들지 않아 공연홍보에서 비중이 점점 높아지고 있다. 스마트폰 보급이 확산되면서 소셜미디어의 영향력은 점점 강해지고 있다. 소셜미디어는 각자가 가지고 있는 생각, 경험 등을 사진과 글을 통해 다른 사람과 공유하면서 만들어 나가는 특징이 있다. 다른 사람과 공감대를 가지면서 특정 공연에 대한 선호도를 나눌 수 있는 장점이 있어서 공연 콘텐츠의 감수성을 전달하는 데 효과적인 매체로서 새로운 홍보마케팅 수단으로 성장하고 있다.

6) 홍보인쇄물

일반적으로 포스터와 리플릿 그리고 현수막을 제작하는 데 포스터는 공연의 내용과 분위기를 담은 대표 이미지로서 중요하게 활용된다. 과거에는 거리부착을 많이 했으나 점차 불법화되어 지정된 게시대 활용 및 현수막 게시를 활용하는 것이 좋다. 포스터와 현수막은 한 달 이상 게시할 수 있는 장소확보가 가장 중요하고 게시범위에 따라 제작매수와 비용이 추가될 수 있기 때문에 홍보인쇄물을 효과적으로 활용하기 위해 기업이나 기관의 협조를 받아 공간을 확보하는 것도 고려해볼 필요가 있다. 리플릿은 포스터에 비해 보다 다양한 정보를 담을 수 있다. 문화예술시설이나 타깃관객들이 많이 찾는 공간의 게시대에 비치할 수 있고 이를 통해 공연예매에 필요한 모든 정보를 접할 수 있는 홍보인쇄물이다.

홍보인쇄물은 전통적인 홍보매체로 꾸준히 활용되고 있는데 인터넷의 발달과 함께 환경보호 차원에서 쓰레기 발생, 예산낭비 그리고 게시장소의 부족으로 과거에 비해 선호도가 많이 떨어지고 있는 것이 사실이다. 하지만 다른 매체 홍보의 기본일 뿐 아니라 가장 일반적인 수단이므로 홍보인쇄물 디자인 이후 인쇄 및 게시에 대한 명확한 계획이 반드시 필요하다. 홍보인쇄물은 이미지와 홍보문구가 중요하기 때문에 기획부터 홍보인쇄물에 대한 아이디어가 함께 고려되어야 한다. 해외 라이센스 공연일 경우 오리지널 공연단체가 요구하는 이미지를 그대로 활용해야 하거나 정확한 가이드라인이 있기 때문에 홍보인쇄물 제작 및 광고 시 단체와 충분한 확인 과정을 거쳐야 추후 발생되는 저작권 문제를 방지할 수 있다.

7) 사보

기업에서 발간하는 잡지로 기업 내 직원(사내보)이나 기업과 관련된 고객(사외보)을 대상으로 홍보한다. 사내보는 기업의 문화를 직원들에게 알리고 조직 간 소통을 위해 발간하고, 사외보는 고객과 관련기관 대상으로 기업체 이미지 제고를 위해 발간한다. 특히 쇼핑, 여행 관련 기업들이 사외보 제작을 많이 하고 있는데, 보통 기업은 사회공헌활동으로 공연을 후원하거나 단체관람을 하는 경우가 많기 때문에 기업체가 소유한 사내보나 사외보를 적극적으로 활용하여 공연홍보를 할 수 있다.

Chapter 5

온라인 홍보마케팅

1. 채널별 운영전략 | 2. SNS 콘텐츠 제작
3. 페이스북 광고 | 4. 인스타그램 광고
5. 온라인 광고 주요 변화

온라인 환경의 변화는 새로운 홍보마케팅 채널의 확산을 가져왔고, 공연홍보마케팅 또한 이런 변화를 적극적으로 활용해야 한다. 특히 기존의 광고 제작이 많은 예산이 필요했다면 온라인 홍보마케팅은 신선한 콘텐츠 아이디어만 더해진다면 적은 비용으로 큰 효과를 볼 수 있다는 장점이 있어 공연홍보마케팅 전략으로 유용하다.

잘 기획된 콘텐츠가 있으면 다양한 온라인 채널을 통해 확산이 가능하다. OCMP(One Content Multi Platform)는 하나의 콘텐츠를 제작한 후 각각 온라인 채널의 특성에 맞게 최적화하여 최대한 많은 사람들에게 보여지는 것이 목적이다. 예를 들어 긴 글이나 사진 위주의 블로그에 포스팅을 할 때도 페이스북이나 인스타그램을 염두해 두고 카드뉴스처럼 이미지를 제작하여 활용하는 방법도 있다.

1. 채널별 운영전략

1) 페이스북

● 전 세계 최대의 소셜네트워크서비스(SNS)

사용자들이 서로의 글과 동영상 그리고 개인정보 등을 상호 교류하는 온라인 인맥 서비스(SNS: Social Network Service)로 2004년 2월 당시 하버드대 학생이었던 마크 저커버그(Mark Zuckerberg)가 개설하였다. 본사 소재지는 미국 캘리포니아주로 페이스북은 13세 이상이면 누구든지 이름·이메일·생년월일·성별을 기입하는 간단한 절차를 거치면 회원으로 가입할 수 있다. 2019년 현재 전 세계 25억 명이 가입하여 사용하는 전 세계 최대의 SNS이다.

페이스북을 홍보마케팅 채널로 적극적으로 이용하는 이유는 콘텐츠가 자동으로 무제한 확산되는 유일한 홍보채널이기 때문이다. 페이스북을 제외한 모든 SNS는 게시물이 등록되면 조회수나 댓글이 늘게 되고 공유를 하게 되더라도 공유한 사람의 게시물로 등록되는 1단계 홍보만 가능하다. 하지만 페이스북은 내가 올린 게시물에 친구들이 좋아요/댓글/공유 등의 반응을 보이면 반응을 보인 사람의 친구들에게도 역시 무제한적으로 노출 확산된다. 다른 채널에서는 광고비를 써야 하지만 페이스북에서는 기본적으로 콘텐츠 확산이 가능하다. 즉, 반응을 불러 일으킬만한 콘텐츠만 좋다면 사람들의 반응을 이끌어내어 퍼져 나갈 수 있다는 의미다. 만약 페이스북에서 콘텐츠를 광고한다면 수치가 보여지는데 유료 광고 도달 수치와 함께 유기적 도달, 즉 무료 도달된 수치가 별도로 보여진다. 유료 광고를 통해 콘텐츠를 확산시키는 중에 사람들의 반응이 좋다면 자연적으로 확산되어 유기적 도달이 유료 도달보다 더 높은 사례도 생길 수 있다. 이 원리는 처음 광고 콘텐츠를 본 사람은 유료 도달로 계산이 되지만 그 친구들에게 추가적으로 노출되는 것인 유료 도달이 아닌 유기적 도달에 포함되는 것이다. 이렇게 페이스북은 광고를 통한 유료 도달에 더해 유기적 도달까지 포함하여 확산이 된다는 장점이 있다.

● **페이지 활성화 방법**

구분	개인계정(프로필)	페이지(공식계정)	그룹
대상	친구(5,000명 제한)	좋아요 팬 (무제한)	회원
주체	개인	회사	개인
목적	퍼스널 브랜딩	• 홈페이지 대용 • 브랜드 홍보	• 친목모임 • 협업목적
관계	친구신청 후 수락	좋아요 클릭	초대, 가입신청
활용	쌍방향	일방향 (페이지 구독)	쌍방향 커뮤니티
중복사용	1인 1계정(실명)	여러 개 관리 가능	여러 개 관리 가능

2) 인스타그램

인스타그램은 인스턴트(Instant)와 텔레그램(Telegram)이 합쳐진 단어로 '세상의 모든 순간을 포착하고 공유한다'라는 의미로 2010년 출시되었다. 스마트폰이 대중화되면서 몇 년전만 해도 인스타그램은 사진이나 영상 등에 특화된 소셜미디어로 감성적인 2030 여성들이 많이 활용한다는 인식이 있었다. 하지만 페이스북이 2010년 인스타그램 인수 후 그 성장세는 더욱 커져서 점차 남녀 구분 없이 인스타그램을 사용하고 있을 뿐 아니라 페이스북과 비슷한 수준으로 사용자 규모도 커지고 있다.

구분	페이스북	인스타그램
가입조건	• 실명 계정 • 휴대전화, 이메일등록	• 비실명 가능 • 이메일만으로 계정 생성
계정	1인 1계정 필수	• 1개의 휴대전화로 5개 계정 • 동시운영 가능
링크	게시물 링크 가능	게시물 링크 불가능 (프로필 영역에 1개 링크 가능)
공유	게시물 공유 가능	게시물 공유 불가능 (별도 앱 설치 후 가능)

실명 계정을 중시하는 페이스북과 달리 인스타그램은 이메일 기반으로 비실명 계정 생성이 가능하고 한 휴대전화에서 5개 계정을 동시에 운영할 수도 있다는 장점이 있다. 반면 페이스북에서 자연스럽게 쓰는 게시물 링크 기능이 없는데 계정 프로필 영역에서 하나의 링크만 넣을 수 있다. 홈페이지, 블로그, 플러스친구 등 링크는 넣을 수 있으니 나에게 가장 필요한 링크 하나를 등록해둔다. 또한 게시물 공유를 통한 자연스러운 확산이 가능한 페이스북과 달리 인스타그램은 공유 자체가 없다.

● 해시태그 이용 마케팅 방법

핵심 키워드를 해시태그로 활용하는 마케팅 방법이다. 나의 콘텐츠와 관련된 해시태그를 홍보해서 고객들이 자발적으로 게시물을 올리고 해시태그를 통해 자연스럽게 홍보가 되는 가장 좋은 방법이다. 팔로우한 해시태그의 인기 게시물이 피드에 노출되는 방식이기 때문에 키워드를 잘 잡아서 해시태그를 달아야 한다.

_ 범용해시태그(모두가 사용하는 키워드)

선팔, 맞팔 등 모든 사람에게 통용되는 해시태그다. 특정 주제와 상관없이 사용하기 때문에 계정 운영 초기에 소통을 늘리고자 할 때 유용하다.

_ 간접해시태그(콘텐츠와 관련된 간접적인 키워드)

홍보하려는 타깃층에 노출되도록 내 콘텐츠와 관련된 해시태그를 추가한다. 핵심 키워드를 적절히 사용해서 인식시키는 것이 목적이다.

_ 직접해시태그(공연이름, 회사명 등 직접적인 키워드)

검색 유입된 사용자가 기억하도록 회사명, 매장이름 등 직접적인 키워드를 사용하여 브랜드를 각인시키는 과정이다. 반드시 범용해시태그, 간접해시태그를 함께 넣어 자연스러운 노출을 해야 한다.

3) 플러스친구

스마트폰의 대중화와 함께 카카오톡은 전국민들의 문자 기능을 대체하고 있다. 플러스친구는 카카오톡과 달리 개인 간의 소통이 목적이 아니라 기업이 고객 상담은 물론 비즈니스 정보와 공지 등의 콘텐츠를 모두 올릴 수 있는 모바일 비즈니스 홈이다. 플러스 친구는 카카오톡 내의 검색창에서 키워드를 검색하면 채팅방, 친구, 플러스친구, 포스트 등 해당 키워드에 대한 검색결과가 나오게 된다. 친구 추가를 하면 1:1 채팅이 가능한데 사용자 입장에서는 자신의 전화번호나 카카오톡 아이디 노출 없이 원하는 것을 물어볼 수 있어 편리하다. 기업체의 브랜드 홍보나 병원, 학원 등 수시로 공지사항을 알리고 고객 문의 사항이 많은 경우 활발하게 활용하고 있고 공연홍보마케팅에서는 공연장이나 대형 기획사, 티켓 예매처 등에서 사용하고 있다.

4) 블로그

블로그는 1997년 미국에서 처음에서 처음 등장하였는데 웹(Web) 로그(Log)의 줄임말이다. 일반인들의 관심사에 맞는 글을 자유롭게 작성하여 올리는 1인 미디어 형식이다. 보통 시간 순서대로 가장 최근의 글부터 먼저 보이며, 여러 사람이 같이 쓸 수 있는 게시판(BBS)과는 달리 한 사람 혹은 몇몇 소수의 사람이 글을 올릴 수 있다. 네이버나 다음과 같은 포털사이트를 통해 개인 블로그를 만들 수 있는데 글뿐만 아니라 사진이나 촬영한 동영상 업로드가 가능하고 다른 사람들이 자유롭게 블로그에 드나들며 의견을 나누고 정보를 공유할 수 있다. 이처럼 누구나 자신의 생각을 블로그를 통해 다른 사람들과 공유할 수 있기 때문에 기존의 언론을 보완할 수 있는 대안언론으로서도 주목을 받았다.

홈페이지 제작이나 웹 게시판 등 전문적인 지식 없이 자신만의 공간을 웹에 만들 수 있다는 장점 때문에 많은 이들이 참여하고 있다. 특정 블로그의 경우 일일 방문자수가 상당할 정도인데, 개인의 의견을 수많은 사람들이 보면서 공유하기 때문에 영향력이 매우 크다. 이런 운영자를 '파워블로거'라고 부른다. 이들의 블로그에 선정되어 공유되는 제품사용후기나 공연후기 등은 입소문 형성에 큰 영향을 미쳐 마케팅에 적극적으로 활용되기도 한다.

세부 기능으로는 일상에서 일어나는 일들을 일기처럼 손쉽게 기록이 가능하며 자료 관리가 용이하고 독자적인 자료 보관이 가능하면서 이메일로 보낼 수 도 있다. 특히 자신이 작성한 콘텐츠가 검색 노출되면서 광범위한 커뮤니티를 형성할 수 있어서 홍보효과가 크다.

정보를 적극적으로 노출할 수 있다는 점에서 공연홍보마케팅의 한 방법으로 블로그 운영은 이미 다양한 방법으로 진행되고 있다. 광그에 비해 예산이 거의 들지 않는 대신 새로운 콘텐츠를 주기적으로 게시하고 관리하는 담당자의 노력이 필요하다. 또한 개별 공연이나 공연장, 기획사에 관련된 수많은 정보를 주목도 높은 콘텐츠로 기획하고 가공하는 능력이 매우 중요하다. 블로그는 콘텐츠 게시와 함께 다양한 반응이 바로 확인되는 장점이 있다. 블로그의 통계서비스를 통해 방문자수, 유입 키워드, 유입 로그, 유입 순위 등을 확인하면서 개선 방안을 마련하고 추후 반영하는 것까지 잊지 말아야 한다.

살아 숨 쉬는 블로그 운영(검색엔진 최적화 방법)

- 제목에 키워드를 입력
- 본문에 키워드를 입력
  - 검색 시 제목, 태그 중심으로 검색하고 그 다음 본문을 검색
  - 본문 속에 관련 키워드나 유사 키워드를 자주 넣어줘야 노출기회가 많아짐
- 글과 이미지가 반복되도록 구성
  - 글만 작성하면 지루하고 가독성이 떨어짐
- 동영상 올리기

  스마트폰으로 찍은 몇 초간 동영상도 무방
- 태그를 반드시 넣기

5) 유튜브

유튜브는 당신(You)과 브라운관(Tube, 텔레비전)의 합성어로, 전 세계 네티즌들이 올리는 동영상 콘텐츠를 공유하는 웹사이트다. 2005년 11월부터 정식 서비스 시작으로 2006년 타임지에 최고 발명품으로 꼽히면서 주목을 받기 시작했다. 2006년 10월 구글이 유튜브를 16억 5,000만 달러에 전격 인수하면서 2008년 1월부터 한국어 서비스가 시작되었다. 유튜브의 가장 큰 장점은 회원가입을 하지 않아도 다양한 영상을 무료로 볼 수 있다는 점이다. 단 동영상을 게시하기 위해서는 로그인을 할 수 있는 계정을 생성해야 한다. 유튜브의 폭발적인 성장세와 함께 영상 시청 도중 광고가 많이 나타나고 있는데 구글은 2015년에 월 9.99달러에 전혀 광고가 없고 모바일 환경에서 백그라운드 재생 및 오프라인 재생이 가능하도록 한 유튜브 레드(Red) 서비스를 운영하고 있다.

사회 전반의 분야에 걸쳐 유튜브의 경쟁이 치열해지고 있고 특정 세대만이 즐기는 매체가 아닌 전국민으로 확대되고 있다. 대기업, 신문사, 방송사, 연예계, 지방자치단체, 공공기관 심지어 공연단체 등 우리 사회 전반의 중요한 영향을 미치는 모든 분야에서 유튜브 채널을 운영하고 있다. 다른 온라인 매체와 마찬가지로 시간과 공간의 제약을 받지 않고 있고, 수익까지 나오기 때문에 활용도가 높아지고 있다. 이제는 청소년들의 미래 직업에 유튜버가 등장하기도 한다. 언젠가는 싸이월드, 트위터 등 다른 매체들처럼 활용도가 사라질 수도 있지만 우리나라에서는 젊은 세대에서 노년층까지 동영상을 시청하면서 지식을 얻고자 하는 분위기가 확산되고 있고, 특히 코로나19로 사회적 거리두기가 강화되고 있는 분위기 이후 유튜브 활용도가 급격히 증가되고 있다. 이러한 흐름은 전 세계적인 현상으로 나타나고 있다.

공연홍보마케팅에 있어서 유튜브는 점차 주요한 온라인 채널로 확대되고 있다. 무대의 생생한 뒷모습을 보여주는 백스테이지 촬영, 출연 배우들의 인터뷰나 생활상 공개 등 다양한 콘텐츠 영상을 제작하여 관객들의 관심을 얻는 시도가 다양하다. 또한 공연의 영상화 제작을 통한 보급도 점차 활발해지고 있다. 공연의 태생적 조건인 시공간적 제약과 배우와 관객이 함께 호흡하는 현장성, 그리고 다시 반복되거나 복제될 수 없는 고유성 때문에 그동안 공연의 영상화는 많은 난관이 있던 것도 사실이다. 하지만 코로나19 등 기존의 사회질서를 바꾸는 변화는 반드시 공연장을 찾아 관람해야 한다는 관람행태의 패러다임 전환을 가져오고 있다. 그렇기 때문에 유튜브 기반의 동영상 채널의 발전은 주의 깊게 살펴볼 필요가 있다.

6) 네이버 TV

네이버는 국내 1위 검색 포털 사이트이다. 우리나라 국민의 90% 이상이 네이버를 이용하고 있지만 10대를 중심으로 유튜브 이용이 급성장하면서 플랫폼의 변화가 빠르게 일어나고 있다. 네이버는 기존의 키워드 중심의 검색 기능에서 동영상 중심 사이트 개편에 앞장서면서 2019년 1월, 네이버 TV를 유튜브와 같은 오픈 플랫폼으로 변경했다. 가장 큰 변화는 그동안 네이버 TV가 음식, 뷰티 등 특정 주제에 특화된 창작자를 주로 지원했다면, 1월부터는 누구나 다른 조건 없이 네이버 TV의 창작자로 활동할 수 있게 되었다는 것이다. 네이버 TV 채널 개설도 간편해졌는데, 기존에는 구독자 300명을 보유한 창작자만 네이버 TV 채널 개설 신청이 가능했지만 최근에는 이런 채널 개설 자격 요건을 모두 폐지하면서 동영상 창작자를 적극적으로 유입하고 있다. 또한 기존 15초나 되었던 광고시간도 5초로 대폭 단축했는데, 이는 프리롤 광고 시간이 5초인 유튜브를 견제한 전략이기도 하다.

이처럼 네이버가 네이버 TV 채널의 전폭적인 개선과 함께 유튜브의 추격을 따돌리느라 힘을 쏟고 있지만, 공연홍보마케팅 활용면에 있어서 네이버 TV는 유튜브보다 강세다. 바로 네이버 실황 공연 중계 때문이다. 네이버가 처음 중계한 공연은 2015년 6월 뮤지컬스타 김준수·홍광호가 출연한 뮤지컬 〈데스노트〉 쇼케이스였다. 이후 지금까지 네이버를 통해 중계된 뮤지컬·연극·클래식·무용·국악 공연은 쇼케이스와 전막을 포함해 320여 편이다. 전막 상영만 따지면 220여 편이다. 이 중 뮤지컬 전막 상영은 50여 편을 했는데 최초의 전막 뮤지컬 상영은 2016년 10월에 중계한 〈팬레터〉다. 유료 뮤지컬을 온라인으로 전막 중계할 경우 과연 관람권을 구매할까라는 염려는 오히려 사전 홍보효과로 인해 관람권 판매에 긍정적인 영향을 미쳤다. 공연이 중계되는 동안 '불판', 즉 '방송 도중 시청자들이 실시간으로 댓글을 다는 게시물'을 통해 공연 마니아들 사이에서 입소문 효과가 컸다는 분석이다. CJ E&M, 신시컴퍼니, EMK뮤지컬컴퍼니 등 대형 뮤지컬 제작사도 모두 네이버 중계를 통해 공연을 소개할 정도로 중요한 홍보마케팅 채널로 자리잡았다. 네이버 TV를 통해 중계도 하고, 최대 포털사이트인 네이버의 '공연전시판' 등 다양한 노출이 가능한 것도 장점이다. 상업 뮤지컬뿐 아니라 국악, 클래식 등 다양한 공연중계로 장르를 확장하고 있어 이용자들의 선택도 넓어지고 있다.

2. SNS 콘텐츠 제작

1) SNS 카드뉴스 만들기

카드뉴스는 사진과 텍스트 형태로 만든 가독성 높은 콘텐츠를 의미한다. 페이스북이나 인스타그램 등 SNS와 모바일 환경에 맞는 디자인이라고 할 수 있다. 카드뉴스를 만드는 방법엔 여러 가지가 있다. 포토샵이나 일러스트 등 전문가용 프로그램도 있지만 홍보마케팅 담당자가 신속하게 카드뉴스를 만드는 간단한 방법도

파워포인트로 카드뉴스 만들기

- 디자인 → 페이지설정 → 너비/높이 지정(20cm×20cm)
- 배경사진 불러오기
- 도형에 투명도 30%를 넣어서(사각형 또는 원) 디자인 후 원하는 텍스트 삽입
- 로고 넣기(로고 외 배경색이 남아 있다면 서식 → 다시 칠하기 → 투명색 채우기)

있다. 가장 쉽게 할 수 있는 방법은 파워포인트를 활용하는 것이다.

보통 카드뉴스는 정사각형으로 만드는 경우가 가장 많다. 파워포인트를 실행하고 [디자인]–[페이지설정]으로 들어가서 너비와 높이를 각각 20cm로 변경하자. 슬라이드가 정사각형으로 변하면 배경으로 넣을 사진을 불러와서 그 위에 텍스트를 넣는다. 사진 위에 도형과 텍스트를 넣게 되면 카드뉴스의 기본은 완성이다. 디자인적으로 완성도를 더하고 싶으면 투명도를 조정하면 좋다. 도형 서식에 들어가서 투명도를 조정하면 사진의 배경화면은 살면서 글씨도 잘 보이게 된다. 보통 카드뉴스는 표지와 함께 4~6장으로 구성된다. 모두 만들어지면 각 장마다 그림파일로 저장을 해야 하는데 [다른 이름으로 저장]–[다른 형식]–[JPG 파일 교환형식]으로 저장을 하면 파워포인트의 각 장마다 JPEG 그림 파일로 따로 저장을 할 수 있다. 사진 화질이 떨어질 수도 있으니 저장 후 꼭 다시 확인이 필요하다.

알아두면 유용한 **홍보마케팅 용어**

● **CCL – 무료 이미지 사용 저작권 문제**

CCL(Creative Commons License)이란 '저작권자가 자신의 저작물을 일정조건 내에서 다른 사람이 자유롭게 이용할 수 있도록 허락한다'는 자유이용 라이센스를 의미한다. 이미지에 CCL 표기가 있다면 출처를 표시하는 조건으로 누구나 사용이 가능하다.

'저작권법'에서는 지적재산권자는 다른 사람에게 그 저작물의 이용을 허락할 수 있고, 이용허락을 받은 자는 허락받은 이용방법 및 조건의 범위 안에서 저작물을 이용할 수 있다'는 조항이 명시되어 있다. 하지만 CCL 표기가 있다고 마음놓고 사용할 수는 없다. 이미지 사용권은 저작권자 당사자가 CCL 표기를 하는데 동의를 해야 하는데 의도치 않게 붙는 경우도 있기 때문이다. 그러므로 상업용으로 사용할 때는 주의가 필요하므로 아래 사이트에 접속하여 반드시 이용조건을 반드시 확인해보도록 한다.

출처: http://creativecommons.org/licenses

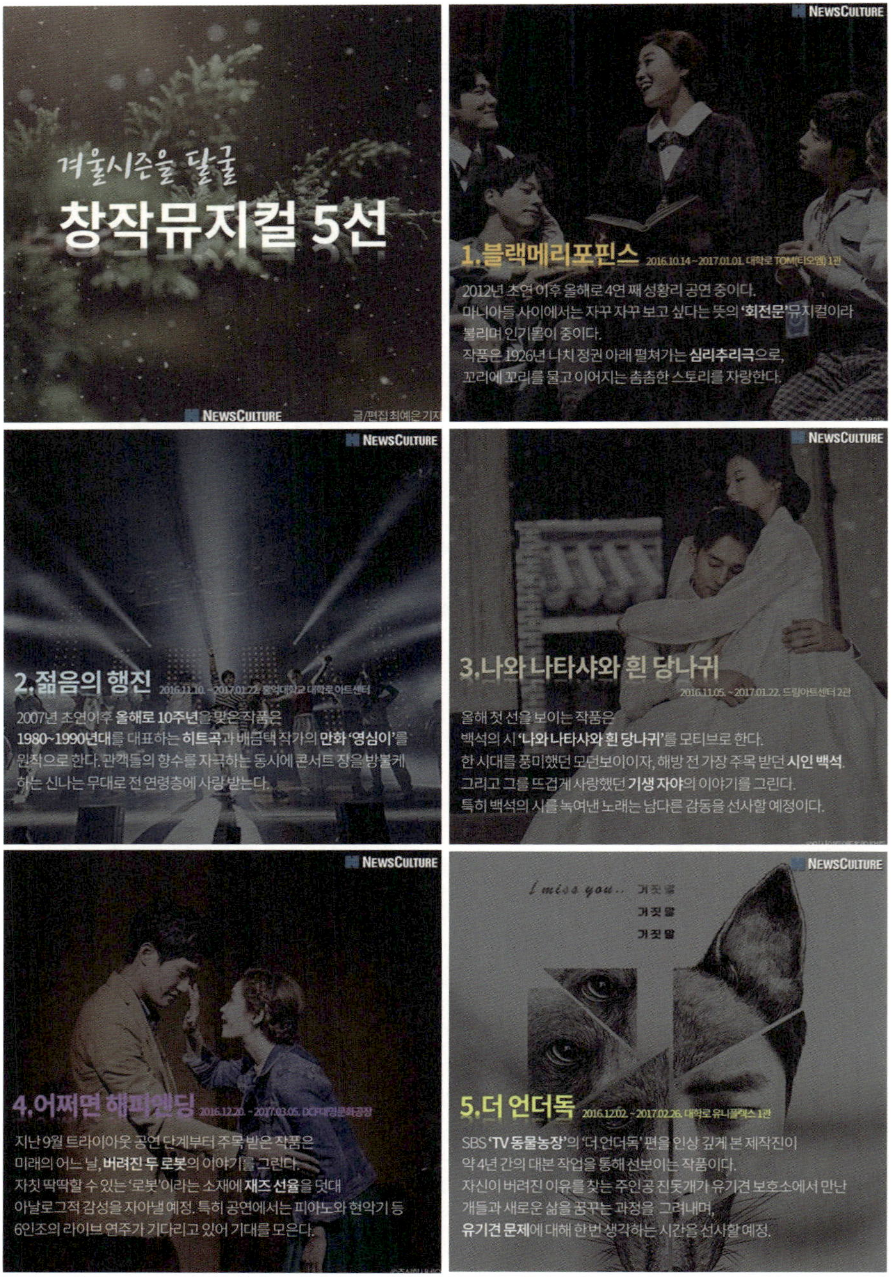
NewsCulture
겨울시즌을 달굴
창작뮤지컬 5선
글/편집 최예은 기자
1.블랙메리포핀스 2016.10.14 ~ 2017.01.01. 대학로 TOM(티오엠) 1관
2012년 초연 이후 올해로 4연 째 성황리 공연 중이다.
마니아들 사이에서는 자꾸 자꾸 보고 싶다는 뜻의 '회전문'뮤지컬이라
불리며 인기몰이 중이다.
작품은 1926년 나치 정권 아래 펼쳐가는 심리추리극으로,
꼬리에 꼬리를 물고 이어지는 촘촘한 스토리를 자랑한다.
2.젊음의 행진 2016.11.10. ~ 2017.01.22. 홍익대학교 대학로 아트센터
2007년 초연이후 올해로 10주년을 맞은 작품은
1980~1990년대를 대표하는 히트곡과 배금택 작가의 만화 '영심이'를
원작으로 한다. 관객들의 향수를 자극하는 동시에 콘서트 장을 방불케
하는 신나는 무대로 전 연령층에 사랑 받는다.
3.나와 나타샤와 흰 당나귀
2016.11.05. ~ 2017.01.22. 드림아트센터 2관
올해 첫 선을 보이는 작품은
백석의 시 '나와 나타샤와 흰 당나귀'를 모티브로 한다.
한 시대를 풍미했던 모던보이이자, 해방 전 가장 주목 받던 시인 백석.
그리고 그를 뜨겁게 사랑했던 기생 자야의 이야기를 그린다.
특히 백석의 시를 녹여낸 노래는 남다른 감동을 선사할 예정이다.
4.어쩌면 해피엔딩 2016.12.20. ~ 2017.03.05. DCF대명문화공장
지난 9월 트라이아웃 공연 단계부터 주목 받은 작품은
미래의 어느 날, 버려진 두 로봇의 이야기를 그린다.
자칫 딱딱할 수 있는 '로봇'이라는 소재에 재즈 선율을 덧대
아날로그적 감성을 자아낼 예정. 특히 공연에서는 피아노와 현악기 등
6인조의 라이브 연주가 기다리고 있어 기대를 모은다.
I miss you.. 거짓말
거짓말
거짓말
5.더 언더독 2016.12.02. ~ 2017.02.26. 대학로 유니플렉스 1관
SBS 'TV 동물농장'의 '더 언더독' 편을 인상 깊게 본 제작진이
약 4년 간의 대본 작업을 통해 선보이는 작품이다.
자신이 버려진 이유를 찾는 주인공 진돗개가 유기견 보호소에서 만난
개들과 새로운 삶을 꿈꾸는 과정을 그려내며,
유기견 문제에 대해 한번 생각하는 시간을 선사할 예정.

출처: 뉴스컬처

2) 동영상 만들기

트위터, 페이스북, 인스타그램 등 텍스트 기반의 SNS가 이제는 TikTok 등 동영상 플랫폼으로 확장되고 있다. 구글이 운영하는 동영상 공유 서비스 유튜브는 과거 포털사이트의 검색 기능을 대신할 정도다. 이제 글보다는 영상이 눈길을 사로잡는 시대다. SNS에 올려지는 동영상은 주로 소리를 켜지 않고 보는 사람이 대부분이므로 자막이 추가된 동영상이 만들어지는 추세다. 보통 동영상을 만들려면 애프터 이펙트(After Effects)나 프리미어(Premiere) 같은 전문적인 프로그램을 활용해야 하지만 초보자도 쉽게 만들 수 있는 모바일 어플리케이션이 다양하므로 간단한 영상은 직접 만들어 볼 수 있다.

3) 콘텐츠 아웃소싱 방법

홍보마케팅 담당자가 직접 만들어 볼 수 있는 기본적인 카드뉴스와 동영상 툴을 알아보았지만 중요도에 따라 전문가에게 업무를 맡겨야 할 수도 있다.

3. 페이스북 광고

페이스북은 가장 정밀하게 타깃팅 광고가 가능하다. 페이스북 광고 관리자 화면에 들어가면 결과, 도달, 비용, 지출금액이라는 용어가 나온다.

결과: 선택한 목표에 따라 광고가 결과를 달성한 횟수
도달: 광고를 뉴스 피드에 도달되어 한 번 이상 본 사람의 수
비용: 광고의 결과당 평균 비용
지출 금액: 지출한 총 금액

페이스북 광고를 집행하면 사용자들에게 도달하고, 그 광고를 클릭하는 결과가 나온다. 도달 대비 광고를 클릭하는 결과(참여) 값의 비율에 따라 비용이 정해진다. 페이스북 광고비는 처음 시작할 때 총지출금액을 정한다. 지출금액의 계산은 [결과×비용=지출금액]으로 환산된다. 중요한 점은 페이스북은 사람들이 많이 참여할수록 유기적 도달, 즉 무료 확산이 가능하여 점점 더 많은 사람들이 광고를 볼 수 있다는 점이다. 정해진 총지출금액은 변동되지 않고 결과(참여) 값이 높아질수록 클릭당 비용은 줄어든다. 일반 온라인 광고는 클릭당 비용이 정해져 있어서 클릭을 할수록 광고비용이 커진다. 하지만 페이스북 광고는 총지출금액을 정해 놓고 시작하기 때문에 아무리 많이 클릭을 하더라도 지출금액은 늘어나지 않는다. 결과가 늘어나는 만큼 오히려 클릭당 비용도 줄어드는 개념이다. 페이스북광고의 장점이 바로 여기에 있는데 콘텐츠만 좋다면 적은 비용으로도 많은 사람들에게 노출이 가능하다는 것이다.

1) 페이스북 광고의 특징

● 타깃 맞춤형 광고

페이스북 광고는 검색하기 전에 찾아가는 능동적인 광고다. 사람마다 모두 다른 광고가 보이는데, 이는 모두가 같은 광고를 보게 되는 포털사이트 광고와 구별된다. 타깃을 집중해서 광고가 가능한 것이 가장 큰 장점이다.

● 후불제(자유로운 광고금액)

대부분의 광고는 선불이거나 충전 후 차감되는 시스템이지만 페이스북은 신용카드를 등록하고 매월 후불제로 결제하는 시스템이다. 광고금액도 자유롭게 설정할 수 있다.

2) 페이스북 광고정책

● 이미지의 텍스트 비율 20% 제한

광고게시물의 전체 면적에서 텍스트가 차지하는 비율이 20% 이상이 되면 페널티를 받는다. 예전 정책에서는 광고 진행 자체가 불가능했는데 최근에는 텍스트 비율에 따라 광고 도달 페널티를 주는 방식으로 변경되었다. 다 만들어진 광고의 텍스트가 적정한지 비율을 측정하려면 '페이스북 텍스트 오버레이'라고 검색하고 이미지를 업로드한 후 확인이 가능하다.

● 페이스북 브랜드 관련 저작권, 상표 사용 금지

페이스북과 관련된 로고, 상표 등 어떤 이미지도 광고에 들어가면 안 된다. 페이스북의 대표 기능인 '좋아요' 아이콘도 넣을 수 없다.

● 유해 광고 불가능

페이스북 광고 심의는 점차 더 엄격해지고 있다. 그러므로 규정에 맞는 광고를 제작해야 한다.

3) 페이스북 광고타깃

타깃 만들기는 페이스북의 정밀한 광고타깃시스템을 한층 더 업그레이드하여 활용하는 기능이다. 광고 관리자에서 타깃을 클릭하면 맞춤타깃, 유사타깃, 저장된 타깃의 세 가지 타깃을 생성해서 광고 진행이 가능하다.

● 맞춤타깃(custom audience)

- 고객파일: 타깃 고객의 이메일과 전화번호 사용해서 타깃을 만든다.
- 웹사이트 트래픽: 웹사이트에 픽셀을 심어 방문자를 대상으로 타깃을 만든다.
- 앱 활동: 모바일 앱 사용자를 대상으로 타깃을 만든다.

페이스북 광고 예산 설정하기

- 5만~10만 원 이내로 광고비를 책정한다.
- 2~3일간 참여당 단가, 관련성 점수 등 지표 변화를 검토한다.
- 광고 성과가 좋으면 광고비를 좀 더 늘리고, 늘어난 광고비만큼 매출과 연결되는지 성과를 확인한다. 광고비 대비 매출을 확인하며 광고비를 지출한다.
- ②번의 광고 성과가 좋지 않을 경우 광고내용을 수정해서 다시 ①번부터 진행해본다.

- **오프라인 활동**: 오프라인 방문, 통화 등의 활동 대상자로 타깃을 만든다.
- **참여**: 동영상, 이벤트 등 각 콘텐츠에 참여한 사용자를 대상으로 타깃을 만든다.

● 유사타깃(lookalike audience)

만약 맞춤타깃으로 활용할만한 대상이 적을 경우 기존 고객과 비슷한 사용자를 찾는 유사타깃 만들기가 가능하다. 유사타깃을 만들기 위해서는 최소 100명 이상의 맞춤타깃이 필요하며 일반적으로 1,000명에서 50,000명 맞춤타깃이 권장된다.

● 저장된 타깃(saved audience)

맞춤타깃을 생성한 후에 추후에 다시 사용할 수 있도록 저장이 가능한 기능이다.

_ 페이스북 '타깃광고' 제한적으로 운영

여러 차례 정보유출 논란에 휩싸였던 페이스북은 이용자가 맞춤형 광고에 노출되지 않도록 하는 기능을 도입했다. 연령·성별·지역별로 광고를 다르게 노출시키는 '타깃광고'를 제한적으로 중단하는 것이다. 그동안 이용자의 개인정보를 바탕으로 맞춤형 광고 옵션을 제공해 큰 이익을 거두었지만 타깃광고가 차별을 유발하고 공정성을 해친다는 지적과 잇단 소송에 따른 대책이기도 하다.

2019년 페이스북은 처음으로 '오프페이스북 액티비티' 기능을 제한적으로 도입한다고 밝혔다. 이용자의 정보가 페이스북에 나타나는 내용과 연계되지 않도록 한 이 기능은 전 세계로 확대 도입될 예정이다. 그동안 페이스북은 이용자들의 외부 앱 활동기록과 웹사이트 방문기록 등을 파악해 이용자에게 맞춤형 광고를 제공해 왔다. 온라인 쇼핑사이트에서 어떤 제품을 검색했는지, 장바구니에 어떤 물건을 담았는지에 따라 페이스북에 노출되는 광고가 달라지는 것이다.

이번에 도입되는 오프페이스북 기능은 외부 앱에서 수집되는 이용자 정보가 페이스북 활동과 연계되지 않도록 한다. 페이스북 매출 대부분이 광고수익인 만큼 이는 페이스북에 타격을 줄 것으로 예상된다. 하지만 수집한 이용자 정보와 이용자에 노출되는 페이스북 게시물을 분리했을 뿐 페이스북이 아예 정보수집을 중단한 것은 아니어서 논란이 되고 있다.

4. 인스타그램 광고

인스타그램 광고는 고객 및 타깃 시장과 고유하고 새로운 방식의 관계 구축이 가능하다. 광고가 게재되는 곳은 인스타그램 스토리, 피드 둘러보기이며 주로 비즈니스 계정을 만들어 광고를 진행한다. 물론 일반 계정으로 등록하여 광고를 할 수도 있지만 비즈니스 계정으로 전환을 하면 일반 계정에는 없는 홍보하기와 통계 기능들이 추가로 보여진다. 광고 소재는 이미지 1장부터 최대 15초에 이르는 영상이다. 광고 유형으로는 스토리 광고, 이미지 광고, 동영상 광고, 슬라이드 광고, 컬렉션 광고, 탐색 탭 광고가 있다. 여러 유형의 광고를 동시에 활용하는 것도 좋지만 무엇보다 잠재고객의 관심을 유도하기 위해 자신만의 피드를 구성하는 것이 중요하다. 이미지가 선명하고 흥미로워야 광고효과가 높아질 수밖에 없다.

5. 온라인 광고 주요 변화

1) 페이스북: 기피(Giphy) 인수 통한 개인 맞춤형 광고 고도화

2020년 5월, 페이스북은 '움짤(GIF)'로 불리는 움직이는 사진을 공유하는 플랫폼 기피를 인수했다. 페이스북의 기피 인수의 의미는 GIF가 디지털 시대의 보편적인 소통도구이기 때문이다. 단어로 표현하기 어려운 풍부한 감성을 전달하는 수단으로 활용되기 때문에 페이스북은 기피 인수로 사람들의 감정 데이터를 구매했다고 볼 수 있다. 기피 트래픽 50%는 페이스북에서 나타나고 그 중 절반은 인스타그램에서 나오고 있지만 그 외에도 트위터, 스탭챗, 틱톡 등 타 플랫폼에도 사용되는 서비스인만큼 페이스북이 경쟁사 파악과 함께 새로운 트렌드 파악이 가능해진다. 페이스북과 인스타그램 광고는 구글, 네이버 등 타 광고 서비스보다 훨씬 더 정밀한 이용자 데이터를 가지고 있었기 때문에 광고효과가 뛰어날 수밖에 없었다. 다른 온라인 광고 서비스와 달리 쿠키 기반이 아닌 이용자 개인정보를 기반으로 타깃팅을 했기 때문이다. 그러나 앞에서 설명한 대로 이용자 개인정보 유출 문제로 인해 페이스북은 다양한 보안정책을 내놓고 있다. 앞으로 페이스북은 기피 인수를 통해 감정 데이터를 활용할 수 있게 되면서 새로운 형식의 광고 타깃팅을 발전시킬 계획이다. 앞으로 공연관람 후 글과 함께 감정의 공유가 가능해지면 공연계에서는 유용한 광고수단 중 하나로 활용될 수 있다.

2) 구글: 유튜브 쇼핑 서비스

구글은 세계 최대의 검색 광고 플랫폼 애드워즈를 가지고 있지만 유튜브 광고 상품이 더 많은 주목을 받고 있다. 하지만 유튜브 광고의 경우 타 플랫폼 대비 높은 이용자 체류율에도 불구하고 직접적인 상품 유입 링크가 미비하여 페이스북, 인스타그램에 비해 실제 구매로 이어지는 효과는 떨어질 수밖에 없었다. 이를 개선하기 위해 구글은 유튜브에 대규모 쇼핑 업데이트를 진행하고 있다. 유튜브의 새로운 광고상품 '쇼퍼블(shoppable)'은 페이스북과 인스타그램에서 제공되는 광고처럼 직접 상품구매 정보를 노출하는 방법이다. 현재 유튜브에서 광고미리보기 등을 통한 단순한 노출효과를 넘어 앞으로는 보다 쉽게 구매까지 이어질 전망이기 때문에 공연계에서는 공연 홍보영상을 유튜브에서 노출하면서 티켓 구매까지 가능한 광고를 생각해볼 수 있다.

3) 카카오: 브랜드 검색 광고 도입

국내 메신저 카카오톡을 보유한 카카오가 브랜드 검색광고 도입을 앞두고 있다. 카카오톡 내부의 친구, 채팅 탭에서 돋보기 버튼을 누르고 브랜드명을 검색했을 때 브랜드 공식 채널을 가장 잘 보이게 노출하는 방식이 유력하다. 카카오톡 앱의 채팅창 안에 샵 검색도 가능할 수 있다. 지금까지 카카오톡에서 광고 상품 도입시 기존 이용자들이 이탈할 수 있다는 우려 때문에 적극적인 광고가 진행되지 않았는데 이번 광고 도입을 두고 결과를 지켜보며 적극적인 온라인 광고 상품이 가능해질 것으로 보인다. 공연계 역시 국민 메신저로 자리잡은 카카오톡의 플랫폼을 활용하여 광고를 진행할 수 있는 전략도 고민해볼 수 있다.

공연홍보마케팅 **매뉴얼** A to Z

Chapter 6

홍보인쇄물의 종류 및 이해

1. 메시지 기획 | 2. 포스터
3. 전단 | 4. 공연 프로그램북/브로셔
5. 현수막

전통적인 홍보인쇄물은 포스터와 전단(리플릿) 그리고 현수막 등으로 홍보인쇄물을 제작할 때는 공연의 내용, 관객에게 전달하려는 소구점, 메시지 등이 포스터 이미지와 홍보문구에 잘 반영될 수 있도록 하여야 한다.

1. 메시지 기획슬로건 및 카피

홍보문구를 기획할 때는 홍보하고자 하는 공연의 홍보마케팅전략이 확정된 후 그게 맞는 메시지를 기획해야 한다. 메시지를 기획할 때는 타깃관객들이 이해하기 쉽도록 작성해야 한다. 궁극적으로 홍보문구는 관객들이 공연관람을 통해 얻을 수 있는 혜택과 공연에 대한 가치와 평가 등에 대한 내용이 포함되어야 한다. 그리고 메시지와 연결된 홍보디자인 개발이 필요하다.

2. 포스터poster

공연포스터는 작품에 대한 이미지를 한눈에 보여주고 호기심을 자극하는 데 목적을 두고 있다. 일반적으로 관객들은 '포스터 디자인 – 공연명 – 홍보문구' 순으로 인지를 하고, 포스터의 이미지가 확정되면 온라인홍보도 함께 시작할 수 있기 때문에 포스터 제작은 홍보마케팅의 첫 단추이다. 홍보인쇄물 디자인 이후 인쇄제작비, 게첩공간 확보 등을 동시에 고려해야 한다.

포스터의 목적은 대중의 주목을 끄는 것이다. 따라서 타깃관객들이 읽는 것에 목적을 두는 게 아니고 보는 것에 목적을 두기 때문에 디자인과 메시지 양을 조율해야 한다. 포스터의 장점은 단기간에 타깃관객들의 주목을 끌 수 있다는 점이다. 포스터 이미지는 다른 홍보수단의 기본이 되므로 포스터 이미지를 결정하는 데는 상당한 시간이 소요되기 때문에, 공연기획서 완성과 함께 포스터 이미지를 구상하는 것이 홍보마케팅을 빠르게 시작할 수 있는 방법이다. 늦어도 공연시작

2~3개월 전부터 본격적으로 홍보마케팅을 실시해야 하기 때문에 포스터 이미지 확정은 빠르면 빠를수록 좋다.

인쇄기간은 디자인이 확정되면 1주일 안에 제작할 수 있다. 단점은 포스터를 부착할 장소가 부족하고 경쟁도 치열하며 대부분 허가되지 않은 공간에 부착하는 경우가 많다는 점이다. 후원회사 및 기관을 확보하여 그 회사가 보유하고 있는 건물 및 광고가능 장소를 활용하는 것도 방법이다. 포스터는 지나가면서 주목을 끄는 것이 목적이기 때문에 너무 많은 정보를 담거나 다른 포스터에 비해 주목을 끌지 못하면 기대했던 효과를 보지 못할 수 있다. 보통은 4절 크기의 포스터를 주

포스터(좌) RSC(Royal Shakespeare Company) 웨스트앤드 오리지널 〈마틸다〉 포스터 버전, 포스터(우) 신시컴퍼니 한국공연 〈마틸다〉 포스터 버전을 비교해보면 대표이미지컷은 그대로 유지하되 메인카피와 공연일시, 장소만 바꾸어서 제작했다. 라이센스 뮤지컬일 경우 오리지널 공연 단체의 디자인 가이드라인을 따라야 한다.

포스터(좌) 국립발레단 창작발레 〈안나 카레니나〉는 무용수의 이미지컷을 촬영하여 전면에 배치하고 여성적인 타이포그래피로 여성관객의 취향을 반영했다. 포스터(우) CJ E&M 창작뮤지컬 〈빅피쉬〉는 조니 뎁의 영화속에 나오는 해바라기밭의 노란색 이미지에 공연 제목을 부각하여 겨울에 하는 공연임에도 발랄한 생동감으로 관객의 주목을 받았다.

로 제작했으나 요즘은 규격 크기 이외에 변형된 크기로도 많이 제작하고 있다.

해외 라이센스 공연일 경우 오리지널 공연단체가 요구하는 이미지를 그대로 활용해야 하거나 정확한 가이드라인이 있기 때문에 홍보인쇄물 제작 및 광고 시 단체와 충분한 확인 과정을 거쳐야 추후 발생되는 저작권 문제를 방지할 수 있다.

1) 포스터 제작 구성요소

공연명, 공연부제, 일시, 장소, 홍보메시지, 이미지, 주요 출연진, 주최, 주관, 협찬, 후원 등이 포함된다. 요즈음에는 이미지홍보를 더욱 강화하고 주목을 끌기 위해서 공연명, 이미지, 기간, 장소, 주요 출연진 등 최소한의 정보만 포스터에 넣는 경우가 늘어나고 있다. 일반 관객들이 이동하면서 주목을 하는 홍보물로 디자인과 홍보문구는 관객들이 이해하기 쉽게 표현되어야 한다.

- 포스터 디자인은 모든 홍보마케팅의 시작이다.
- 포스터 디자인은 공연의 기획의도 내용, 메시지 등을 담아야 한다.
- 포스터 디자인은 공연의 대표 이미지로서 다른 홍보인쇄물과 광고에도 통일성있게 반영되어야 한다.
- 공공질서를 해치지 않는 범위 내에서 지정된 장소에 게첩한다.

포스터 크기와 활용도

절	종이 크기	활용도
8절	262×374mm	8절 스케치북 크기
4절	374×524mm	가장 일반적인 포스터
국반절	424×598mm	게시판 부착
2절	524×748mm	게시판 부착
국절	598×848mm	게시판 부착 및 관객이벤트 증정용

2) 포스터 장·단점

포스터의 장점은 필요할 경우 빠르게 특정 지역에 홍보할 수 있으며, 그 지역에 즉각적인 홍보효과를 얻을 수 있다. 단점은 이미지에 국한된 홍보의 한계가 있으며, 포스터를 게첩할 수 있는 공간이 부족하고 배포할 인력을 활용하면 예산의 부담이 있다.

과거에 비해 거리 부착 및 게시판 부착이 크게 줄어들어 인쇄물 제작은 많이 하지 않는 추세이고 지정된 장소의 거리현수막으로 대체하거나 온라인 게시용으로 다양한 무빙 포스터들이 제작되어 주목을 끌고 있다.

3. 전단Leaflet, 리플릿

포스터와 현수막 부착을 위해서는 허가를 받아야 하는데 리플릿은 그에 비해 장소의 제약이 없다. 리플릿은 타깃관객들에게 공연에 대해 많은 정보를 제공할 수 있는 홍보인쇄물로, 리플릿을 통해서 공연의 매력을 최대한 알려야 한다. 다양한 형태로 제작이 가능하고, 우편발송이나 기본적인 공연홍보를 위해서 가장 유용한 홍보물이다. 리플릿을 읽는 타깃관객들이 '꼭 공연을 예매하고 공연장에 오고 싶도록' 제작하는 것을 염두에 둔다. 리플릿에 포함하는 공연에 관한 기본정보는 공연명, 일시, 장소, 예매방법, 공연장 위치, 할인정책, 출연자 정보 등을 제공하고, 더 나아가 공연장면과 전문가 및 관중들의 공연리뷰 등을 실어 공연에 대한 신뢰를 높이도록 한다.

1) 리플릿의 장·단점

구체적인 공연소개를 할 수 있고 다양한 사이즈와 접지로 제작이 가능할 뿐 아니라 포스터에 비해 다양한 지역에 배포가 가능하다는 것이 장점이다. 정확한 타깃관객에게 우편발송을 할 수 있다. 단점으로는 다른 홍보물과 함께 있을 경우 눈에 잘 띄지 않을 수 있으며 배포할 장소가 다양하지 못하다.

포스터와 리플릿을 제작할 때는 사이즈와 접지방법, 종이질과 두께, 인쇄부수, 배포방법 등을 고려하여 제작하여야 한다.

4. 공연 프로그램북/브로셔Brochure

공연 프로그램북은 공연사진 및 제작과정, 공연의 이해를 돕는 글을 실어 공연 당일 로비에서 무료 배포하거나 유료로 판매한다. 공연은 무대 철거와 함께 사라지기 때문에 기록이 중요한데 공연 프로그램북은 중요한 기록이 될 수 있다. 또한

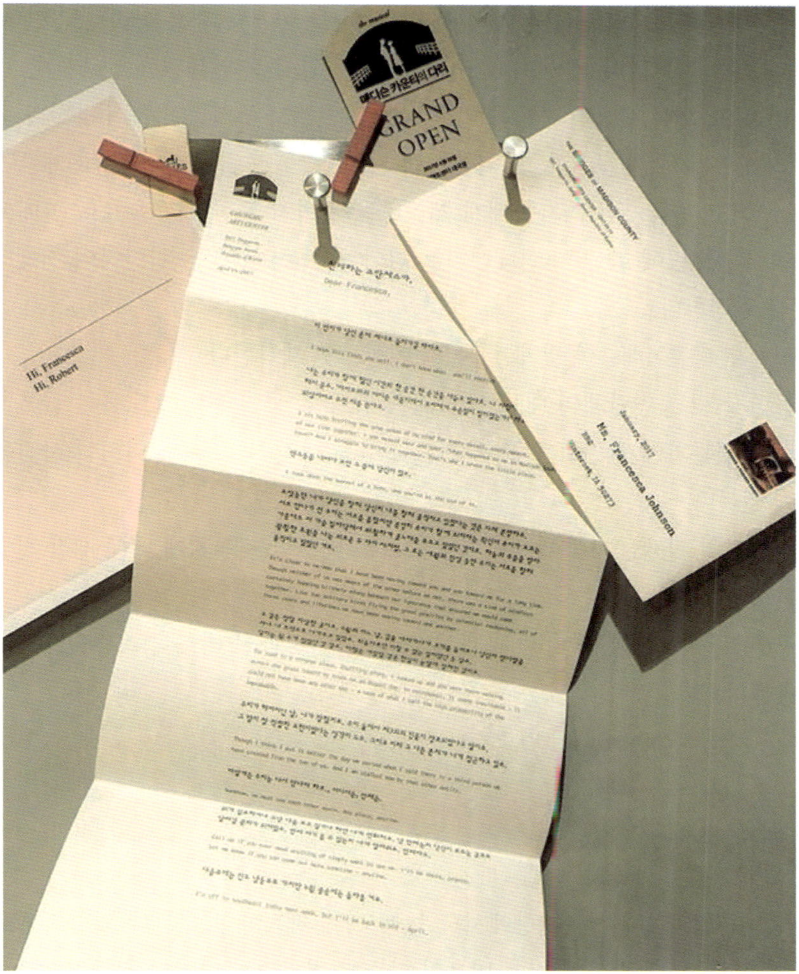

뮤지컬 〈메디슨 카운티의 다리〉 전단 = 사진 프레인글로벌

뮤지컬 메디슨 카운티의 다리는 기존의 일반적인 전단형태에서 벗어나 주인공 로버트와 프란체스카의 이루어질 수 없는 사랑의 컨셉을 주제로 로버트가 띄우는 편지형태로 제작하여 관심을 모았다.

출연자와 스태프들에게는 공연활동의 자료로 활용된다. 보통 제작분량은 4페이지, 8페이지, 12페이지 등 4배수로 늘어나며 중철(2절 이상의 종이를 반으로 접어 가운데 접은 선에 스테이플러 철심을 박는 것)을 하거나 제본을 하기도 한다. 포스터나 리플릿과 달리 제작단가가 높기 때문에 인쇄 전 인쇄내용을 다시 한 번 확인해야 하고 특히 제작진의 이름이 잘못된 건 없는지 주의를 기울여야 한다.

제작매수는 대관 공연장 및 기획사의 자료용, 출연자와 스태프들에게 무료로 배포 그리고 평론가와 기자들에게 제공할 수량까지 포함하고 유료로 판매할 경우 2명 혹은 4명에 한 권씩 판매한다는 판단하에 공연일정을 감안하여 전체 제작매수를 확정한다.

- 전체 분량은 4배수에 맞게 4페이지 이상으로 제작한다.
- 공연장 및 공연단체의 대표, 연출자의 인사말, 공연의 이해를 돕는 글을 기획하여 전문가에게 원고를 요청하거나, 연습 사진 및 드레스 리허설 사진을 함께 싣는다.
- 공연당일 관객들에게 판매하거나 무료로 배포할 것인지에 대해 제작 전 결정한다.
- 공연의 기록일 뿐 아니라 관객 수집용, 출연진과 스태프 경력증명으로도 활용된다.

5. 현수막

거리 현수막은 지나가는 차량에서도 눈에 띄게 제작해야 하는데 일반적으로 버스광고나 TV, 신문광고에 비해 비용이 다소 저렴하면서 단기간 집중적으로 공연홍보를 할 수 있는 방법이다. 현수막 재질은 과거에는 천을 주로 활용했지만 바람이 불면 찢어지고 포스터 이미지의 색깔을 원하는 대로 재현할 수 없기 때문에 요즘은 텐트천 현수막, 미러 현수막 그리고 미디어 폴 등 다양하게 활용한다. 거리 현수막이나 가로등 현수막 모두 게시를 할 때는 반드시 각 지자체의 담당부서의 허가를 득해야 하는데 도시의 미관을 고려해야 하는 법적 규제 때문에 사전에 디자인을 심의받고 허가된 장소와 일정에 맞게 게시하도록 한다. 현수막은 특히 공연장 주변에 게시하여 관객들이 공연장을 잘 찾아올 수 있도록 유도하는 역할도 한다. 가장 기본적으로 공연장 현수막 게시대를 활용하거나 공연장 건물을 덮을 정도의 대형 현수막을 제작하여 주목을 끌 수 있다.

- 타 광고매체에 비해 비교적 저렴한 비용으로 단기간 주목성 확보가능하다
- 반드시 지자체 담당부서의 허가를 득하고 지정된 장소와 일시에 맞게 거리미관과 공공성을 고려하여 게시한다.
- 다양한 사이즈와 재질로 제작이 가능하므로 용도에 맞게 활용한다.
- 게시장소가 한정되어 있으므로 포스터 제작시기에 맞춰 적어도 2달 전에는 광고게시 허가를 받아두어야 한다.

Chapter 7

공연 홍보인쇄물 제작과정의 이해

1. 공연홍보인쇄물 기획
2. 공연홍보인쇄물 제작단계
3. 공연홍보인쇄물 제작순서
4. 공연홍보인쇄물 제작 세부사항

홍보인쇄물은 관객과의 첫 만남이자 첫 인상이다. 또한 다른 공연과의 차별성을 가장 명확히 알릴 수 있는 도구이다. 그렇기 때문에 홍보인쇄물은 명확한 기획의도와 작품내용을 전달해야 한다. 공연홍보인쇄물 제작은 공연홍보의 첫 시작과 같다. 디자인 기획을 할 때 공연 기획의도를 정확히 알고 관객에게 전달할 메시지가 무엇인지 설정해야 한다. 가장 기본적으로는 타깃관객분석(Segmentation) → 타깃관객설정(Targeting) → 공연포지셔닝(Positioning), STP 전략을 구상하고 이에 따른 디자인과 홍보문구를 결정해야 한다.

1. 공연홍보인쇄물 기획

공연홍보인쇄물은 통일성을 가진 메시지로 지속적으로 전달될 수 있어야 한다. 관객분석을 통한 정확한 기획으로 홍보인쇄물, 온라인홍보, 현수막, 광고 등 분석 이미지를 전달하여야 관객에게 인지도를 상승시켜 관람권 구매와 연결되기 때문이다. 공연홍보인쇄물은 공연제작비와 연관성이 깊다. 한정된 예산안에서 가장 효과적인 홍보물을 제작해야 한다는 딜레마에 부딪히게 된다. 평소 공연홍보인쇄물뿐 아니라 영화, 전시, 축제 등 다른 예술 분야의 홍보인쇄물도 주의 깊게 살펴보고 디자인 트렌드와 디자이너에 대한 정보도 알아두면 좋다.

먼저 기획서가 완성되면 기획의도와 공연내용, 출연자, 홍보문구 그리고 표현하고자 하는 디자인방향에 대해 정리하여 포스터 디자이너에게 정확하게 전달한 후 시안을 받는다. 포스터 디자인 첫 번째 시안을 받기까지 소요시간은 1주일~10일 정도로 예상하고, 시안을 받은 후 디자인에 대한 주변의 반응과 의견을 참고로 하여 수정 보완하게 된다. 하지만 첫 번째 시안이 제대로 나오지 않게 되면 인쇄물 제작기간에 늘어나게 되고 처음 기획할 때 표현하고 싶었던 작품의 방향을 알리지 못하는 결과가 도출될 수 있기 때문에 기획단계부터 명확하게 방향을 잡고 디자이너와 소통해야 한다. 따라서 홍보물 제작을 위한 조사와 기획단계가 중요하다. 기획한 디자인의 톤앤매너(tone and manner)를 담은 예시안을 찾아

알아두면 유용한 **홍보마케팅 용어**

● **톤앤매너(tone and manner)**

홍보물, 광고, 마케팅 분야에서 많이 사용된다. 전달하고자 하는 메시지의 일정한 톤을 유지하는 방식을 의미한다. 색감이나 색상의 분위기, 방향, 표현법에 대한 전반적인 방법론을 말하며 전체적인 하나의 컨셉을 뜻할 때 사용한다.

서 제공해주는 것도 홍보 담당자와 디자이너 사이의 의견차를 좁힐 수 있는 방법이다.

2. 공연홍보인쇄물 제작단계

1) 자료조사

최근 홍보인쇄물 디자인과 사이즈 등의 흐름이 어떻게 되고 있는지 사례를 조사한다. 메인카피나 콘텐츠 구성에 대한 방향도 함께 살펴보면 좋다. 또한 디자이너에게 제시할 만한 참고 시안들을 미리 준비하는 것이 성공적인 시안 도출을 위한 효과적인 방법이다.

2) 기획

공연에 적합한 디자인, 컬러, 홍보매체별 사이즈, 홍보문구, 제작방향과 제작기간, 배포방법 등 홍보에 관한 전반적인 전략을 수립한다. 공연기획의도와 맞는 홍보의 전체적인 방향을 설정하게 된다. 특히 타깃관객과 공연기획의도에 맞는 홍보 디자인 방향, 홍보 및 광고매체, 홍보 스케줄, 홍보문구와 홍보진행의 우선순위를 두고 기획서를 작성한다. 보통 공연기획 담당자와 홍보 담당자가 브레인스토밍을 하며 의견을 교환한다.

3) 디자인

기획회의가 끝나면 디자인 의뢰에 들어가게 된다. 공연장이나 단체에 따라 성격이 다르지만 디자이너를 내부 직원으로 고용하는 형태보다는 외부 업체와 계약을 통해 진행하기 때문에 공연에 대한 전반적인 이해가 부족한 것이 사실이다. 그래서 공연의 기획 및 홍보방향, 참고할 디자인을 명확하게 제시하는 것이 디자인 도출 시간을 절약하는 방법이다.

내부 의견이 수렴된 후 홍보 담당자는 디자이너와 함께 컨셉회의를 하며 정확한 디자인 시안 의견을 교환한다. 디자이너에게 디자인 시안 소요기간은 보통 1주일~10일 정도 주는 것이 좋다. 하지만 처음 기획아이디어를 명확히 제시하고 이해시키지 못한다면 디자인 시안이 제대로 나올 수 없다. 첫 시안이 방향을 잃어버리게 되면 홍보 스케줄이 늦춰지게 되고 이는 공연결과에도 영향을 미칠 수 있다.

홍보물 디자인 의뢰서에는 홍보문구와 공연개요, 필요할 경우 주최 주관 등의 기관 로고도 함께 발송한다. 홍보인쇄물에 따라 홍보문구와 공연정보를 포함하는 범위가 다를 수밖에 없는데 모든 홍보인쇄물의 기본은 포스터이기 때문에 가장 먼저 작업을 하고 바로 리플릿을 제작한다. 공연정보를 발송할 때는 정확하게 내용을 확인해야 시간과 수고가 절약된다. 인쇄물이 나온 후 이름이나 공연정보 등 잘못된 정보를 발견하게 되면 사안의 경중에 따라 스티커 제작이나 재제작에 들어가게 되는데 이는 예산낭비일 뿐 아니라 타깃관객에게 신뢰를 잃게 되는 결과를 낳는다.

디자인에서 중요한 것은 필요할 경우 공연 컨셉에 따른 사진촬영, 컬러, 타이포그래피, 홍보문구과 공연명, 전체적 구성 등을 중점적으로 검토해야 한다. 주목성이 가장 중요하기 때문에 홍보 담당자와 디자이너는 관객입장에서 공연에 대한 관심을 유도하는 요소를 중점적으로 고민하고 논의해야 한다.

4) 인쇄

인쇄에 들어가기 전 내용을 다시 한 번 확인한다. 보통 디자인 시안은 컴퓨터 파일로 확인을 하게 되는데 실제 인쇄물의 종이 재질과 잉크에 따라 컬러나 느낌이 상당히 다른 경우가 많으므로 포스터 인쇄 전에 최종 시안을 시범 인쇄해본다. 전단이나 프로그램북의 경우 인쇄시안 비용이 많이 들거나 기간이 촉박하면 사무실에서라도 프린트를 해보고 거꾸로 인쇄되는 페이지가 없는지 그리고 각 페이지마다 제대로 된 내용이 들어갔는지, 관객입장에서 보기에 불편이 없는지 확인해볼 필요가 있고, 가장 중요한 것은 오타가 없는지 확인하는 것이다.

일반적으로 디자인 회사와 연결된 인쇄업체가 있기 때문에 디자인 계약 시 디자인과 인쇄를 한꺼번에 맡기게 된다. 이럴 경우 최종 인쇄물에 대한 책임을 디자이너가 마지막까지 관리하기 때문에 감리나 인쇄사고에 대처하기가 훨씬 쉽다. 디자인 파일을 인쇄소에 전달하는 과정에서도 오류가 발생될 수 있는데 이런 사고도 막을 수 있을 뿐 아니라 예산도 절약할 수 있다. 인쇄하기 전에는 종이크기, 재질, 두께 등을 검토하여 견적서와 전체 금액을 확정짓고 인쇄에 걸리는 소요시간과 배송방법 등을 논의한다. 특히 배송방법에서 비용이 추가로 발생될 수 있기 때문에 꼼꼼하게 비용을 산출한다.

예산절약을 위해 너무 얇은 종이를 사용하면 홍보인쇄물 자체의 질이 떨어져 보일 수 있고 원하는 색감이 제대로 표현되지 않는 경우도 발생하며, 리플릿의 경우 게시대에 제대로 고정되지 않을 수도 있다.

5) 배포

홍보인쇄물은 배포방법과 배포장소에 따라 매수를 결정하고 어떤 방식으로 배포할지도 고민해야 한다. 노출효과가 좋은 곳에 장기간 게시가 가능해야 하기 때문에 기획단계에서 타깃관객과 연관된 지역이나 기업과 연계한 배포를 고려해 볼 수 있다. 지자체와 연관된 공연일 경우 관련된 기관의 적극적인 홍보협조를 구하면 훨씬 더 효과적으로 홍보인쇄물을 배포할 수 있다.

6) 평가

홍보인쇄물 배포 후 이미지, 컬러, 홍보문구 등에 대한 관객들의 평가를 확인할 필요가 있다. 포스터와 리플릿 그리고 현수막에 대한 관객들의 주목성 그리고 공연정보에 대한 효과 등을 측정해보고 다음 공연에 반영하여야 한다.

3. 공연홍보인쇄물 제작순서

홍보기획에서 최종 인쇄물 도착까지 소요기간은 2~3주에서 한 달까지 소요될 수 있는데 특히 디자인단계가 제일 많은 부분을 차지하게 된다. 디자인이 확정되면

제작순서	내용
자료조사 및 디자인업체 서치	디자인 트렌드 및 인쇄물 샘플 수집, 디자인업체 리스트 정리
기획회의	기획담당, 홍보 담당자가 공연 컨셉에 맞는 디자인 제작 회의
디자인 상담	기획안 완성 후 디자인업체 중 포트폴리오를 비교하여 가장 분위기가 근접한 업체를 선정하여 디자인 상담
담당 디자이너 배정 후 인쇄물 제작 일정 공유	보통 포스터, 리플릿, 프로그램북, 옥외광고물까지 모두 발주하기 때문에 인쇄물 제작 일정에 따른 담당디자이너를 배정하여 일정에 차질이 없도로 함
시안 확인	• 디자인 업체가 보통 3~4개의 샘플시안을 제시하면 그 중에서 선택 • 제안된 시안 중 선정하여 기타 공연정보 및 기관 로고 등을 최종적으로 넣어서 시안을 확인
교정 반영 및 수정안 발송	관련 정보글 확인 및 수정
최종 컨펌	최종 컨펌 후 인쇄 발주
인쇄샘플 확인 및 감리/발주	모니터로 확인한 컬러와 인쇄 종이 재질에 따라 그 결과물이 다르므로 인쇄샘플을 확인하는 것이 가장 좋다. 최종 확인 후 인쇄물 발주
인쇄물 납품 및 배송	최종 인쇄물이 완성되면 인쇄소와 미리 협의한 뒤 배포처로 바로 발송하고 나머지 수량은 담당자가 수령

인쇄물은 2~3일 내 완성되고 배송까지 포함하면 4~5일 정도 소요된다.

홍보물 기획을 마친 후 디자인에 들어가기 전에 확인할 사항은 사진 사용허가 여부 그리고 출연자 이름 표기 순서, 대관공연장 및 협찬후원사 혹은 지방자치단체의 BI/CI 등을 해당 기업의 담당자와 확인하여 인쇄물에 표기될 수 있도록 한다. 또한 예술감독이나 연출자 등 예술단체 책임자와 함께 출연자 표기 순서를 미리 명확하게 정리하는 것이 좋다.

4. 공연홍보인쇄물 제작 세부사항

1) 종이

홍보인쇄물의 종이 선택에 따라 의도했던 디자인 표현이 달라질 수 있고, 비용과도 연관되기 때문에 중요하다. 광택의 유무, 두께, 종이본연의 색 등에 따라 구분되는데 예산한도 내에서 인쇄에 적합한 종이를 찾아야 한다. 평소 홍보인쇄물이나 다른 인쇄물을 보면서 마음에 드는 샘플을 찾는 것도 도움이 된다. 홍보인쇄물의 용도에 따라 맞는 종이를 선택해야 하는데 포스터, 리플릿, 초청장, 초대권, 프로그램북 등에 따라 다르게 선택한다.

종이 이름	종이 특징	사진
아트지	• 종이에 광택이 많은 양지 • 작품집이나 고급 단행본에 주로 사용 • 인쇄적성이 좋아 퀄리티 있는 인쇄 가능 • 달력, 카탈로그, 프로그램, 리플릿, 고급 쇼핑백 등 * 인쇄적성(원하는 인쇄물을 완성하기 위해 사용되는 여러 재료가 반드시 갖추어야 하는 성질)	
스노우지	• 아트지와 함께 가장 대표적으로 많이 사용되는 양지 • 아트지와 다르게 종이 표면에 광택이 없음 • 은은하고 고급스러운 분위기 • 아트지와 스노우지의 내구성엔 큰 차이가 없고 가격도 같음	
모조지	• 백상지라고 불리며 책이나 카탈로그 내지로 많이 사용 • 백색과 미색 주로 사용 • 눈부심이 적음	
반누보 (Vent Nouveau)	• 수입지, 특수지로 대표적으로 사용되는 고급용지 • 텐션과 쿠션감이 뛰어나고 종이에서 느끼는 따스함과 부드러움이 좋은 종이 • 랑데뷰, 앙상블, 아르떼, 몽블랑 등은 반누보 수입지를 대체하기 위해 국내에서 가성비 있게 생산된 종이	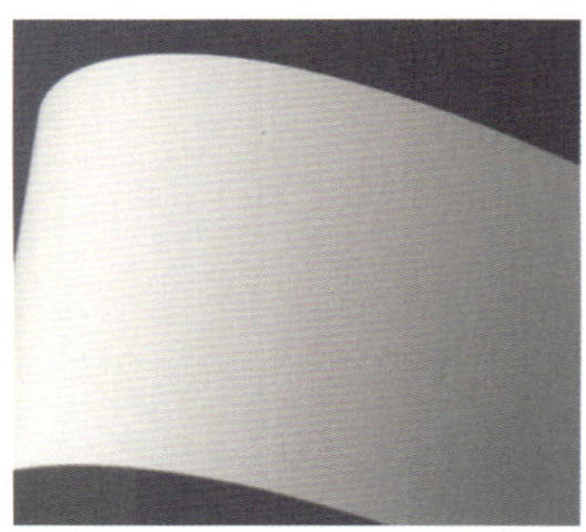

머쉬멜로우	머쉬멜로우는 표면이 매끄럽고 색감의 선명도가 뛰어나 부드러우면서도 인화지와 비슷한 느낌	
휘라레	•종이 표면에 격자무늬 체크문양의 골이 있는 재질 •인쇄 발색도 좋고 고급스러운 종이 패턴으로 명함이나 책 표지로 많이 활용	
스타드림지	•골드, 쿼츠, 다이아몬드, 오팔, 화이트 등 광택에 따라 다양한 종류가 있는 재질 •펄과 메탈의 조화로 특수 코팅된 세련된 용지 •종이 자체가 특수하기 때문에 바탕이 없는 이미지나 텍스트 위주의 편집물에 많이 활용	

2) 종이 판형과 크기 구분

판형	크기(mm)	호칭	사용예
A4	210×297	국배판	월간지, 주간지
A5	148×210	국판	교과서 및 단행본
A6	105×148	국반판	문고판
B4	257×364	타블로이드	주간신문

B5	182×257	사륙배판	대학교재, 노트
B6	128×182	사륙판	문고 및 단행본, 일반서
규격외	152×225	신국판	소설책, 수필집
	176×248	크라운판	사진집
	125×205	30절판	단행본
	103×182	40절판	문고판

3) 제책의 종류

낱장의 종이를 묶는 방법인 북 바인딩(book binding)을 제책이라고 한다. 제책에 따라 공연홍보물의 질이 다르게 느껴지고 디자인과도 연결된다. 공연 프로그램북을 제작할 때 결정하게 되는데 기획단계부터 디자이너와 제책에 대해 논의하고 페이지수와 제작부수와 함께 비용에 영향을 미치게 된다.

제책구분	설명	참고그림
낱장제책 (떡제본)	• 가장 기본적인 책 형태 • 낱장을 접지 않고 한 장씩 측면에 접착제를 발라 표지를 씌우는 제책형식 • 책의 펼침성은 좋으나 접합면이 좁아 낱장 종이가 뜯어지는 단점 • 논문 등 한 쪽씩 마스터 인쇄하거나 복사할 때 많이 사용되는 방법 • 4배수 쪽수 제한 없음, 2배수(낱장)도 제책 가능	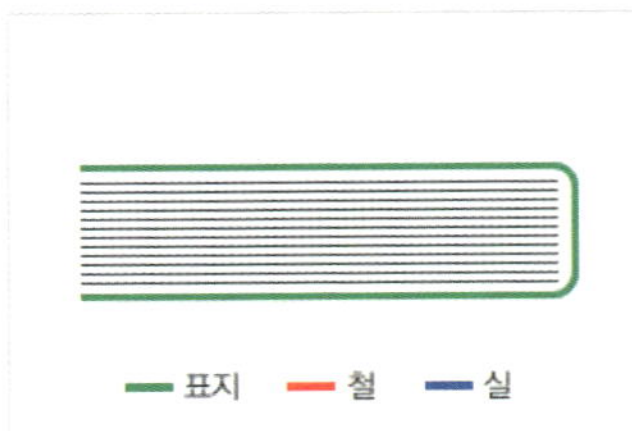
중철제책	• 접지를 하여 4쪽을 순서대로 이어서 가운데 철심을 박는 형식 • 카탈로그, 팸플릿 등 쪽수가 두껍지 않은 제책에 많이 사용	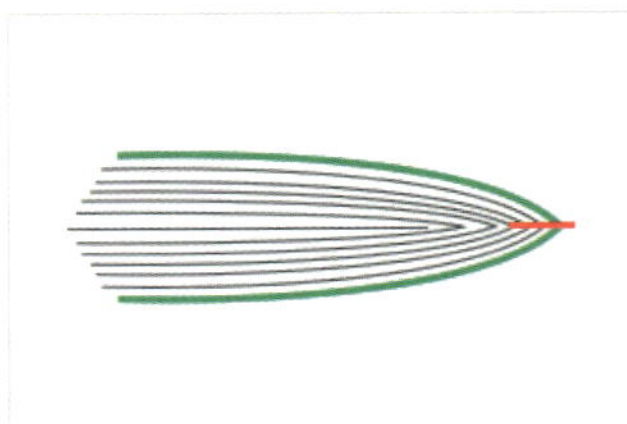

무선제책	•가장 일반적인 단행본 제책 형식 •접히는 면에 칼집 안으로 접합제를 넣어 고정시키는 방법 •반양장보다 펼침성은 좋은 편이나 견고성은 떨어짐 •표지의 평량은 책의 판형과 두께에 따라 보통 150g~300g까지 가능 •앞뒤 양 날개가 있어 필요한 정보를 추가하여 실을 수 있음	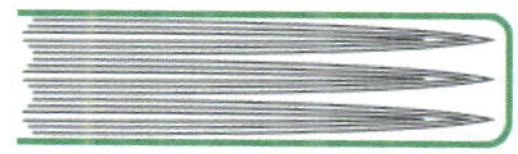
반양장제책	•무선제책 형식에 칼집이 들어간 곳에 실로 한 번 더 꿰매어 더욱 튼튼하게 만드는 제책 형식 •일반 무선보다 두껍거나 보관 기간이 긴 고급책에 주로 사용됨 •표지를 하드 커버로 쓰지 않고 소프트 커버로 쓰는 것이 다름 •무선철보다는 펼침성은 떨어지지만 견고하여 잘 뜯어지지 않음 •표지는 무선철부다 조금 더 두꺼운 250g~400g 용지 사용	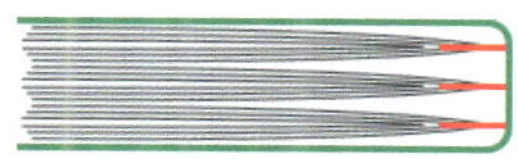
양장제책	•백과사전 형태 •제책 중 가장 튼튼한 형식 •주로 전집류에 많이 사용됨 •장기간 보관하고 특수한 책에 사용됨	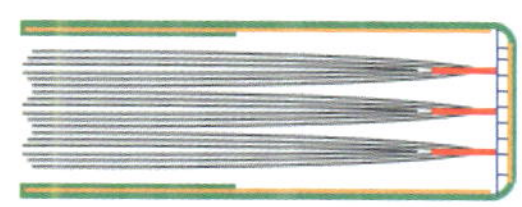

4) 제작발주서

인쇄소에 정확한 내용으로 발주를 넣기 위해서 작성하게 된다. 최종 인쇄물이 도착했을 때 홍보물매수, 페이지수, 크기, 종이재질, 납품장소와 일시 등에 문제가 생기지 않도록 하기 위한 최종 확인서이고, 인쇄 문제 발생 시 제작발주서에 의해서 판단하게 된다. 보통 인쇄물 종류, 판형, 홍보물매수, 제본방식, 재질, 납품장소와 일시, 공연개요 등이 포함된다. 공연종료 후에도 인쇄물 샘플과 함께 제작발주서도 보관하는 것이 다음 공연에 도움이 된다.

5) 견적서

인쇄를 의뢰한 업체에서 발행하는 것으로 일반적으로 견적서에 들어가는 내용은 업체개요, 발주항목(인쇄물종류), 판형(크기), 수량, 단위, 단가, 공급가격, 부가세, 비고 등이 포함된다. 견적서를 바탕으로 전체 인쇄물 비용이 구체적으로 결정되기 때문에 꼼꼼히 보고 견적서의 내용이 합리적이지 않을 경우 업체와 즉시 협의해야 한다. 디자인이 확정되고 발주가 들어간 후에는 협의가 어렵다. 반면, 일반적인 금액으로 견적이 제안되었음에도 너무 금액을 낮추자고 하면 업체에서도 진행을 거절할 수도 있다. 마지막으로 부가세와 배송비가 포함되어 있는지도 꼼꼼하게 살펴본다.

Chapter 8

언론홍보

1. 언론홍보 업무의 기본구조 | 2. 언론홍보 매체의 이해
3. 언론홍보 담당자 역할 | 4. 언론홍보 담당자 세부업무
5. 언론홍보 매체의 종류 | 6. 언론홍보 과정
7. 언론홍보 주요 이벤트 | 8. 인터뷰

언론홍보란 자신이 속한 기관, 단체 등에서 대중에게 알리고자 하는 내용을 언론 매체를 통해 전달하는 일이다. 이를 위해 언론홍보 기획을 하고, 보도자료도 만들고, 적절한 시점에 보도자료를 배포한다. 과거에는 언론 매체의 영향력이 컸기 때문에 기사로 다뤄질 경우 입장료 수익에 직접적인 영향을 미칠 정도로 언론홍보는 매우 중요한 홍보수단이었다. 하지만 홍보 환경의 변화에 따라 수많은 온라인 매체가 등장하고 기존 신문, 방송, 라디오 같은 전통적인 언론 매체의 파급효과가 줄어들면서 그 효과는 예전 같지 않다. 큰 예산이 들지 않고 공신력을 갖추고 있다는 점에서는 언론홍보는 여전히 공연예술단체에서 적극적으로 활용하고 있는 홍보방법이다.

언론홍보를 잘 활용한다면 비용이 많이 드는 광고를 포함한 마케팅보다 신뢰를 확보하고 기대했던 결과를 얻을 수 있게 되며 더 나아가 인지도 상승의 기회도 마련된다. 언론홍보를 위해서는 언론홍보 담당자를 두어 각종 신문과 방송의 기자관리와 보도자료 작성 및 배포를 전담하게 하는 것이 좋다.

알아두면 유용한 **홍보마케팅 용어**

- **기사**: 신문이나 잡지 등 인쇄매체에서 새로운 사실을 알리는 글
- **뉴스**: news 방송매체를 통해 일반인에게 전달하는 새로운 소식
- **홍보자료(press kit)의 구성**
  - **보도자료**: 공연홍보의 기초적 역할, 문서
  - **사진**: 글로 설명하기 어려운 내용을 이미지화
  - **동영상**: TV 인터넷 홍보 시 활용
  - **CD**: TV, 인터넷, 라디오 활용
  - **인쇄홍보물**: 포스터, 전단(리플릿), 현수막 등

1. 언론홍보 업무의 기본구조

1) 언론홍보 기획

- **홍보 콘텐츠 만들기:** 공연의 스토리, 출연배우, 주요 스태프, 같은 기간 다른 작품과의 연관관계, 사회적 이슈를 고려하여 언론홍보 키워드를 설정한다.
- **홍보 대상과 범위 설정:** 주요 타깃의 연령층, 직업군 등 검토하고 그들이 주로 이용하는 언론매체(일간지, 주간지, 경제지, 여성지, 방송사 등)를 분석한다.
- **예산 책정과 홍보물 종류 설정:** 전체 홍보예산에서 언론홍보 예산을 책정하고 프레스킷(Press Kit: 프로그램, 포스터, 리플렛 등 보도자료와 같이 첨부하는 자료)의 구성을 결정한 후 어떤 매체의 기자에게 배포할 것인지 계획한다.
- **홍보시기 결정:** 주요 타깃과 공연 특성에 따라 어느 시점에 어떤 보도자료를 배포할지 결정한다.

2) 보도자료 작성과 배포

- 언론홍보 기획에 따라 보도자료를 작성한다.
- 매체별 담당기자 확인과 메일주소를 리스트업한다

  *보통 공연단체나 기관별로 기자리스트를 관리하고 있으며 인사이동이 잦은 신문사의 특성상 기자리스트를 늘 주기적으로 관리한다. 관련기사 검색을 하면 매체명, 기자이름, 메일주소를 모두 확인할 수 있다.
- 신문의 경우 문화면은 일주일 단위로 지면이 구성되기 때문에 2~3주 전에는 보도자료 배포한다. 사회적 이슈와 공연의 특성, 그리고 출연하는 배우나 스태프의 인터뷰에 따라 보도자료를 모든 기자에게 배포하지 않고 가장 효과 있는 매체를 선정하여 기획기사를 만들 수도 있다.
- 후속취재가 이루어질 수 있도록 연결한다. 보도자료 발송 이후 기자들이 관심이 없을 경우 다른 소재를 발굴하여 지속적인 정보를 제공한다. 공연과 관

련된 정보를 수집·분석 후 수치화하여 제공하는 것이 기사화될 가능성이 훨씬 높다. 공연출연진, 연습장면, 공연장면 등 사진 및 동영상을 촬영하여 자료를 구축하고 관리해두어야 기자의 급한 요청 시 보도화될 수 있다.

3) 기자관리

- 기자관리의 기본은 기자 연락망 구축과 관리다. 인사이동에 따라 새로운 담당 기자를 확인하고 메일주소를 확인한다.
- 친소관계 형성에 주의하면서 기자관리를 하고, 평소 기자관리에 따라 위기발생시 빠르게 대처할 수 있다.

4) 위기관리

- 부정적인 기사나 여론이 확산될 경우 대응을 해야 하며, 돌발상황 발생 시 기자들은 가장 먼저 홍보 담당자에게 확인 연락을 하므로 이에 따른 관리가 필요하다.
- 위기상황에 대한 단체 내 기본원칙과 매뉴얼 마련은 필수이다. 홍보 담당자의 확인을 거치거나 사안에 따라 단체의 장이 기자회견이나 입장문을 내는 경우도 있다.

5) 기사 모니터링

공연과 단체에 관련된 기사를 매일 스크랩하여 단체 내에 공유한다. 출연자와 단체관계자들이 공연에 대한 기자들의 반응과 정확한 홍보방향에 대해 인지할 수 있도록 도움을 준다.

2. 언론홍보 매체의 이해

1) 매체 특성 이해

언론홍보 담당자는 다양한 언론 매체의 특성을 파악하고 있어야 하고, 기자들의 성향도 알아두면 도움이 된다. 신문의 종류만 해도 종합일간지, 경제지, 스포츠지, 지역지 등 다양하고 방송, 잡지, 라디오까지 확대되면 관리해야 할 매체는 광범위하므로 선택과 집중이 필요하다.

2) 신문사 특성 이해

신문사의 '주간 마감일'(어떤 요일에 공연예술면이 발행되는지 파악), '일일 마감시간(조간의 경우 오후 2시 이전, 석간의 경우 오전 9시 이전)을 알아야 한다. 보통 다음날 기사가 게재되기 원하면 당일 오전 9시 전에는 보도자료를 전달해야 하지만 적어도 1주일 전에는 배포가 되어야 기자들도 추가 취재가 가능하다. 이런 신문사의 특성을 이해해야 기자들과 전화통화가 가능한 시간을 알 수 있고 충분하게 정보를 전달할 수 있다.

언론환경 이해하기

- **매체현황**: 보도자료를 배포할 매체리스트가 확보되어 있나?
- **언론사 구조**: 신문, 방송, 잡지 등 매체별 언론사 조직구조와 부서를 파악하고 있나?
- **제작과정**: 기사, 프로그램 등의 제작과정을 이해하고 있나?
- **매체/기자 성향**: 언론사·기자마다 어떤 특성이 있는지 파악하고 있나?
- **언론 정책동향**: 최근 언론을 둘러싼 정책적 이슈가 무엇인지 알고 있나?
- **사회적 이슈**: 요즘 언론에 자주 등장하는 이슈 또는 트렌드를 알고 있나?
- **직업 이해**: 언론인의 일하는 방식에 대해 이해하고 있는가?

3) 방송사 특성 이해

신문 지면도 사진이 매우 중요하지만 없이도 기사 게재가 가능하다. 하지만 방송은 영상이 없으면 기사화가되지 않는다. 영상을 준비하지 못했을 경우 사진자료라도 많이 확보해야 한다.

3. 언론홍보 담당자 역할

언론홍보 담당자는 공연단체의 대변인이다. 단체나 공연의 공식입장을 대변하여 명확한 정보가 전달될 수 있도록 하며 위기 시에는 안 좋은 여론이 확산되지 않도록 역할을 해야 한다. 그렇기 때문에 언론홍보 담당자는 단체와 공연에 대해 평소 꾸준하게 정보를 파악하고 경쟁단체나 경쟁공연과의 장·단점을 비교해야 한다. 기자 및 홍보 담당자들과 지속적인 네트워크를 유지하면서 담당하는 단체와 공연에 대한 객관적인 정보파악이 필요하다.

부지런함, 친화력, 해당 분야에 대한 전문성과 적극성까지 겸비하면 유능한 담당자로 평가받는다. 단순히 공연정보뿐만 아니라 사회 트렌드와 이슈를 읽고 이에 맞는 홍보거리를 만들면 기자들이 만나고 싶은 홍보 담당자로 꼽힐 수 있다. 유관기관 혹은 여타 단체의 현장 흐름을 끝없이 모니터링하고 풍부한 정보를 갖고 있다면 기자들은 이런 홍보 담당자를 훌륭한 취재원으로 생각하고 기사 작성 시 자문을 구하기도 한다. 보도자료를 보내고 기사화되지 않는다면 직접 연락 후 찾아가는 것도 방법이다. 반드시 사전에 전화연락을 한 후 시간 약속을 잡아야 하고, 기자에게 기사화될 수 있는 포인트에 대해 자문을 구하거나 보도가능성에 대한 궁금증을 명확하게 질문하면 기자에게 피드백을 받을 수 있다.

또한 글쓰기를 잘하면 금상첨화다. 언론홍보 담당자의 주된 업무는 보도자료 작성이다. 언론홍보를 기획할 때 어떤 내용을 보도자료에 담았을 때 기자들의 눈길을 끌거나 기사화될 수 있는지 예상하며 보도자료를 작성한다.

기사나 뉴스는 공연단체에게 최고의 홍보수단이다. 비용은 적게 들지만 공신력을 확보할 수 있다는 점에서 매력적인 매체로 꾸준히 활용하고 있다. 홍보 담당자의 역할 중 가장 중요한 것은 기사를 쓰는 기자들과 보도자료를 통해 소통하는 것이다. 기자는 홍보 담당자를 통해 기사의 내용을 제공받고 홍보 담당자는 기자를 통해 최고의 홍보수단을 확보할 수 있기 때문에 상생관계이다. 홍보 담당자는 단체의 이익을 위해 보도자료를 작성하여 적절한 시기에 정확한 정보를 제공하고 기자는 공익적 목적을 바탕으로 기사가치를 판단하여 기사화 여부를 결정한다.

가장 잘하는 실수인데, 홍보 담당자는 기자들에게 기사화를 강요하지 않아야 한다. 또한 평소 친분으로 특정 언론사를 우대하거나 배제하는 언론사가 있지 않도록 유의한다. 그리고 잘못된 기사가 나가지 않도록 정확한 내용으로 보도자료를 작성해야 한다.

소규모 단체일 경우 별도의 홍보조직이나 언론홍보 담당자가 없이 다양한 역할을 수행해야 한다. 이럴 경우 기자 메일주소 목록을 파악하는 것도 쉽지 않다. 그러므로 자신의 공연에 맞는 매체의 특성을 이해한 후 선택과 집중이 매우 중요하다. 과거 신문지면으로만 기사를 확인할 수 있었던 것과는 달리 온라인 포털사이트에서 기사 검색이 가능하므로 관련 키워드를 검색하여 기자 메일주소를 찾고 보도자료를 보낸다.

정리해보면 언론홍보 담당자의 필요역량으로는 공연 장르에 대해 정확하고 다양한 지식을 갖추고, 자신이 홍보하는 공연과 단체에 대해 자신감과 설득력을 가지고 보도자료를 쓴다. 더 나아가 기자들의 관심사를 파악하여 필요한 정보를 제공할 수 있어야 하며, 관련 단체나 공연의 트렌드와 이슈를 읽기 위해 타 홍보 담당자, 기자들과 꾸준한 네트워크를 유지해야 한다. 기자들이 급하게 요청하는 취재 기사 자료를 제공할 수 있는 순발력과 빠른 판단력도 필요하다. 기자와는 보도자료를 통해 소통하기 때문에 논리적인 글쓰기 능력을 기르고, 위기 발생 시 분쟁 조절 능력이 있어야 예상치 못한 상황에 대처할 수 있다. 또한 기자간담회 등 언론 대상 행사를 진행해야 하기 때문에 행사의 전반적인 운영에 대한 이해도 필요하다.

1) 홍보 담당자의 필요역량

● 뉴스가치의 객관적 판단력

홍보하는 공연에 대해 뉴스로서의 가치판단, 적합한 시의성 등을 객관화하여 분석하고 어떤 아이템이 기사가 되고 뉴스가 되는지 관찰해야 한다.

● 문제조정능력

홍보 담당자는 공연단체의 내부와 대중을 연결시키는 중개 역할을 해야 한다. 그러므로 이해관계가 상충될 때가 많다. 예를 들어 대중의 사랑을 받고 있는 배우를 캐스팅했을 때 보도자료를 배포하지 않아도 인터뷰가 쇄도하는 경우가 있는데 수많은 언론 인터뷰에 지친 배우를 설득하여 인터뷰에 응할 수 있게 하거나 역으로 배우의 컨디션 관리를 위해 기자들의 인터뷰 요청을 거절할 수도 있다. 이렇게 양측의 입장에서 사안을 조율할 수 있어야 한다.

● 글쓰기와 문장력 필요

정확한 사실에 기초해 작성된 보도자료는 신뢰감을 준다. 보도자료는 객관적인 사실에 근거하여 전달하고자 하는 내용과 주장하는 의견이 담겨야 한다. 주관적 감정을 강요하거나 논리의 비약은 자료의 가치를 떨어뜨린다. 예를 들어 홍보하려는 공연에 대해 과대포장하거나 지나친 수식어구는 피한다. 문장은 간결하게 다듬고, 문법이나 오타 그리고 외국어의 경우 철자법도 주의해야 한다.

● 소통능력

홍보 담당자는 글쓰는 자질과 함께 소통능력도 갖추어야 한다. 공연이나 단체를 대변해 외부와 소통하는 창구이기 때문이다. 기자와 전화통화 혹은 직접 만나 설명해야 하고, 기자간담회 개최 시 사회를 맡아 진행하는 경우도 있다. 자신감 있는 의사소통은 상대방에게 신뢰를 준다.

● 친화력

평소 기자관리 및 대내외 네트워크를 구축하려면 친화력이 필요하다. 언론 모니터링을 하며 해당 공연이 기사화됐을 때는 담당기자에게 감사의 표현을 하는 것도 좋다.

언론홍보 담당자를 위한 체크리스트

- 매일 인터넷 뉴스 검색은 기본이고 우리 조직과 관련된 기사는 빠르게 파악해 둔다.
- 중요하다고 판단되는 매체(신문, 잡지, 방송 등)는 꾸준히 모니터링한다.
- 기자 이름은 기사 내용과 함께 자주 확인하여 익숙해지도록 한다.
- 미디어리스트는 스스로 작성하고 꾸준히 업데이트한다.
- 기자들에게 보도자료와 사진 발송 시 반송되지 않을 크기로 가벼운 압축버전을 가지고 있는다.
- 보도자료 배포는 적절한 요일과 시간대 등도 고려해 실행한다
- 자료를 보낸 후 전화나 문자 또는 직접 만나서 확인하고 설득한다.
- 이메일로 발송할 때는 제목, 본문작성, 첨부파일명 기재 하는 법을 숙지하고 단체발송보다는 해당 기자 한 사람씩 보내도록 한다.
- 시의성과 연계된 기획이나 칼럼, 인물은 평소에 지속적으로 고민한다.
- 인터뷰는 사전·사후까지 꼼꼼히 준비하고 진행현장도 체크한다.
- 자료 협조, 질문, 대응 등을 미리 예측하고 준비한다.
- 미디어 요청사항에 즉시 대응이 어려울 경우 데드라인을 확인하고 최대한 빨리 피드백한다.

4. 언론홍보 담당자 세부업무

홍보업무	세부업무
공연제작과정	기획스태프 소통
	연출(제작팀)과의 소통
	보도사진 영상촬영 및 편집관리
	공연사진 및 영상기록관리
	제작과정 참관
보도자료 작성 배포	공연자료 확보 및 이해
	보도자료 작성
	언론사 배포
홍보물관리	기사스크랩
	공연리뷰
	방송보도 및 모니터링
	잡지사관리
기자간담회	언론사 반응 모니터링
	간담회 개최 여부 결정
	언론사 공지
	간담회 진행
언론사 유대관계	지속적인 관계유지, 스크랩 및 기사 모니터링
기자 외 공연관람 안내	연습실, 공연관람 안내
단체 및 공연장 이미지 관리	홍보물 제작 및 배포,
	사진촬영
온라인매체관리	홈페이지관리
	SNS관리
	블로그
	온라인 콘텐츠 생성
인터뷰 진행	배우나 스태프 인터뷰 제안 및 방송출연 시 배우관리 및 스케줄 조율
공연종료	홍보의 성과를 정리, 결과보고서 작성

공연 자료 사진

공연의 컨셉과 내용을 정확하게 드러낼 수 있는 이미지로 사진이 중요한 역할을 하게 된다. 공연에 많이 사용되는 사진은 프로필사진, 연습현장사진, 리허설사진, 공연사진 등이다. 프로필사진은 배우들의 배역과 얼굴을 알리기 위해, 프리뷰사진은 공연시작 전 공연한 장면을 연출하여 찍는다. 프로필사진, 연습사진, 프리뷰사진은 공연 프로그램북과 관람료 안내 페이지, 홍보물 제작을 위해 다양하게 사용되고 보도자료 배포 시에도 함께 포함된다. 공연사진(리뷰사진)은 공연장면, 배우, 관객반응 사진을 촬영하는데 이는 공연의 기록용뿐 아니라 다음 공연 시 홍보자료로도 활용할 수 있다.

5. 언론홍보 매체의 종류

1) 일간지

종합지, 경제지, 무가지, 스포츠지, 전문지 외 주간신문 등이다. 언론홍보의 많은 부분을 차지하며 공연의 막이 오르기 전에 소개되는 프리뷰기사와 공연 이후 작성되는 리뷰기사로 나눌 수 있다.

2) 방송사

공중파 TV(보도/문화/교양/오락), 라디오(보도/정보/문화/음악) 등이다. 공중파 방송 외에 케이블 TV 등의 확산으로 뉴스보도의 기회는 넓어졌다. 하지만 매체의 파급력은 다르므로 공연의 특성에 맞추어 기사화할 수 있도록 노력한다.

3) 월간지(잡지)

주간지(시사/경제/영화), 월간지(여성/시사/문화예술, 사보) 등이다. 특정 제호(題號) 아래 각종 원고를 수집하여 일정한 간격을 두고 정기적으로 편집하여 간행하는 정기간행물을 의미한다. 신문에 비하면 발행간격이 길기 때문에 뉴스성과 속보성(速報性)의 시의성이 떨어진다.

● 공연 전문 월간지 리스트

- 클래식: 피아노음악, 음악춘추,
- 연극: 한국연극
- 뮤지컬: 더뮤지컬
- 공연장: 아름다운 친구(예술의전당), 미르(국립극장), 문화공간(세종문화회관) 등
- 객석: 클래식, 연극, 무용, 뮤지컬, 발레 등 공연예술 전반

6. 언론홍보 과정

공연제작 전	**기획보도자료 작성과 배포** • **시기**: 공연제작 전 • **의도**: 작품 제작 규모 및 특이점, 기획의 사회적 의의와 연결 • **기대효과**: 공연단체 및 공연기관의 이미지 구축 • **유의사항**: 공연 개별 홍보에 집중한다기보다는 사회적으로 어떤 의의가 있는지 홍보 키워드에 무게감을 주고, 정기적 안목으로 홍보에 초점
공연제작 시작	**종합보도자료 작성과 배포** • **시기**: 공연연습 중(창작 초연) / 공연연습 전(라이센스, 재공연) • **의도**: 공연 전반에 대한 정보 공개 • **기대효과**: 작품에 대한 언론의 관심을 높이고, 이후 작품 관련 이벤트 홍보 분위기 조성 • **유의사항**: 공연에 대한 모든 정보를 집약하여 효과적으로 보여줘야 하며 배포시점 기준으로 사실확인을 하여 공개될 정보와 비공개 정보를 정확하게 분류

<table>
<tr><td rowspan="2"></td><td>오디션 공개
• 시기: 대본 및 주요 뮤지컬 넘버 확정 후
• 의도: 실력파 배우 캐스팅
• 기대효과: 출연배우 역량과 공정한 캐스팅 절차 공개로 공연에 대한 대중의 기대감 조성
• 유의사항: 제작진과 오디션 공개 범위를 논의하고 배우들의 초상권도 협의</td></tr>
<tr><td>기자간담회
• 시기: 배우 캐스팅 최종 정리 후 보통 공연 오픈 2~3주 전
• 의도: 제작 참여자 소개 및 제작 배경에 대해 언론과 직접적인 소통을 할 수 있는 자리를 마련
• 기대효과: 작품에 대한 정보를 한번에 빠르게 확산 가능
• 유의사항: 작품 특수성 고려한 기자간담회 시기와 방법을 고민하고 종합보도자료 내용과 구별되는 내용으로 기자간담회 구성</td></tr>
<tr><td rowspan="3">공연연습 중</td><td>인터뷰 기사 작성과 배포
• 시기: 연습 시작에서 개막 전까지
• 의도: 제작진 및 출연진의 인지도를 활용해 잠재관객 유도
• 기대효과: 공연 제작 스토리 및 에피소드 공개로 배우에 대한 호감도를 높이고 마케팅과 연결
• 유의사항: 인지도 및 대중의 흥미를 끄는 인터뷰 대상을 확보해야 하므로 언론홍보 담당자는 참여 배우 및 스태프들의 면면을 모두 파악하여 이슈를 찾아내야 함</td></tr>
<tr><td>연습실 공개
• 시기: 외부에 공개가 가능할 정도로 배우 기량이 올랐을 때
• 의도: 기사의 새로운 소재가 될 수 있는 무대 뒤 공개
• 기대효과: 개막 전까지 화제성을 유지하고 공연 완성도에 대한 신뢰도 상승
• 유의사항: 연습일정에 영향을 줄 수밖에 없고 공개를 위한 사전준비 업무와 돌발변수가 있음</td></tr>
<tr><td>쇼케이스(showcase) : 새로운 공연, 음반, 신인가수, 제품 등을 관계자에게 널리 알리기 위해 정식 출시 전에 갖는 특별공연
• 시기: 홍보에 가장 집중해야 하는 시기
• 의도: 공연홍보를 위해 언론 및 관객 대상 특별 이벤트 개최
• 기대효과: 공연의 하이라이트를 공개해 관객과 언론의 기대 증폭시키고 재공연의 경우 초연보다 낮아진 언론의 관심 환기 가능
• 유의사항: 짧은 시간 동안 공연의 본질과 재미가 드러날 수 있도록 준비하고 장소 선정 및 프로그램 구성에 대한 홍보 담당자의 창의성이 요구됨</td></tr>
</table>

공연개막	**프레스리허설(드레스리허설)** • **시기**: 공연개막 진전과 직후 • **의도**: 공연 실황 영상과 사진이 필요한 매체를 대상으로 공연 시연 • **기대효과**: 현장감 담긴 다양한 보도자료 제공 가능 • **유의사항**: 배우 중복 캐스팅의 경우 배우가 모두 리허설에 등장하도록 장면 배분의 논의 필요
공연진행 중	**리뷰보도 유도** • **시기**: 공연개막 후 • **의도**: 언론홍보 성과나 홍보시기 놓쳤을 때 이슈화 • **기대효과**: 기자의 주관이 드러나긴 하지만 실제 공연에 대한 성과를 볼 수 있는 리뷰기사는 신중한 잠재관객 유도 가능 • **유의사항**: 개별 기자들에게 연락하여 리뷰기사 유도하도록 공연에 초대하고 되도록 공연 관련 기사를 아직 보도하지 않은 매체의 기자들에게 연락할수록 좋음
공연종료 후	**공연성과 보도자료 배포** • **시기**: 공연종료 임박 혹은 종료 후 • **의도**: 정량적·정성적 성과 정리해서 공연 후 보도 • **기대효과**: 재공연과 후속작품 홍보 시 제작사에 대한 언론의 신뢰 형성 • **유의사항**: 정량적 성과가 기사화되기 가장 좋지만 만약 어렵다면 이번 공연의 새로운 시도, 관객반응 등 정성적 성과관리에 집중

출처: 예술경영지원센터

7. 언론홍보 주요 이벤트

1) 제작발표회

공연을 제작하는 시점에 개최하는 것으로 제작자와 연출가가 공연을 기획한 의미와 제작방향에 대해 설명하는 자리다. 공연을 올리는 시점보다 상당기간 앞서서 개최하기 때문에 입장료 판매와 직결되는 영향력은 미비하지만 제작 자체에 사회적 의미나 홍보 이슈가 있고 참여 스태프의 인지도가 있을 경우 진행한다. 하지만 과거 호텔이나 특정 장소를 빌려 화려하게 준비하는 제작발표회는 점차 사라지고 색다른 쇼케이스 기획으로 바뀌고 있는 추세다.

2) 기자간담회

기자간담회는 공연 전 공연에 대한 소개를 하는 자리로 주요 출연진들과 기획자, 제작자, 제작스태프 등이 참석하여 기자들의 질문에 답변할 수 있도록 한다. 과거 획일적인 질문과 답을 하는 기자간담회 형식에서 지금은 각 공연과 단체의 분위기에 맞는 기자간담회로 바뀌고 있는 추세이고, 기자 외에도 일반인들을 초대하여 관련내용을 SNS에 올리도록 유도하면서 입소문을 확대할 수 있는 방향으로 바뀌고 있다.

3) 프레스콜

공연장에 기자들을 초청하여 전체공연 혹은 주요 장면을 직접 시연하는 방법이다. 전체 공연을 하지 않는 경우에는 주로 영상이나 사진이 필요한 방송, 사진기자들이 참석을 한다. 리뷰를 쓰기 위한 취재기자들은 프레스콜 참석보다는 관객들의 반응을 살피기 위해 공식적인 공연이 시작된 이후에 관람을 하는 것이 보통이다. 프레스콜 행사가 끝나면 출연자나 스태프들의 현장 인터뷰까지 이어져서 공연홍보 효과를 극대화할 수 있도록 한다.

언론홍보 이벤트 개최 여부 결정

제작발표회와 기자간담회 그리고 프레스콜은 뉴스의 가치로 인정받을 때 기자들의 많은 관심을 받을 수 있다. 그렇지 않으면 비용과 시간을 투자한 만큼 홍보효과가 나타나지 않게 된다. 따라서 공연의 홍보이슈, 일정 등을 파악하여 판단해야 한다.

8. 인터뷰

1) 인터뷰 요청

공연 인터뷰 기사는 홍보 담당자가 기자들을 만나 주도적으로 제안을 하거나 언론사들이 직접 요청하는 경우로 나뉘게 된다. 인터뷰 기사는 출연진, 기획자, 단체대표, 연출자 등 화제의 중심이 될 만한 인물이나 공연의 내용을 바탕으로 기획하는데 보통 홍보 담당자가 인터뷰 기획을 하여 언론사와 협의하면서 진행할 수 있으며, 화제성이 있는 경우 언론사가 경쟁적으로 먼저 인터뷰를 요청하는 경우가 있다. 만약 이런 경우에는 우선순위를 두어 언론사를 결정하여 언론사들과의 오해가 발생하지 않도록 조율해야 한다.

2) 인터뷰 내용

인터뷰 내용을 기획할 때는 공연의 출연진이나 제작진 등 사람을 중심으로 진행되는 경우가 많고, 그 외에 무대장치나 특이사항에 대한 책임자가 인터뷰를 하여 공연의 특성을 설명하면서 인터뷰를 진행하기도 한다.

3) 인터뷰 섭외

일반적으로 월간지의 발행일자를 감안하여 월간지부터 인터뷰 섭외를 한다. 그 외에도 다양한 매체에서 인터뷰를 진행할 경우 질문내용을 홍보 담당자가 잘 정리하여 한정된 인터뷰 시간을 효율적으로 활용하는 것이 중요하다. 인터뷰가 쇄도할 때는 가장 적합한 매체, 즉 파급효과가 높은 매체 순으로 인터뷰를 실시하도록 한다. 인터뷰를 할 장소, 시간, 내용 등은 홍보 담당자가 조율하여 기자와 인터뷰 대상자에게 알려야 한다.

4) 인터뷰 방법

일반적인 방법은 기자가 직접 인터뷰를 진행한다. 이때 홍보 담당자가 인터뷰에 동석하는 것이 공연에 대한 정확한 정보를 전달하는 데 드움을 줄 수 있다. 배우나 공연 관계자가 답하지 못하는 수치나 기록 등은 홍보 담당자가 기록해두고 정확한 확인 후 기자에게 추후 전달한다. 또한 인터뷰 진행 시 기자의 접근이 긍정적인지 부정적인지도 파악하여 인터뷰 대상자가 당황하지 않도록 하여야 한다. 전화로도 인터뷰를 진행하는 경우가 있는데 이때는 홍보 담당자가 동석을 하지 못하므로 사전 정보를 인터뷰이(인터뷰 대상자)에게 정확하게 전달하는 것이 필요하다.

5) 기자가 직접 인터뷰를 진행하지 못할 경우

출연자가 외국에 체류하거나 먼 거리로 인해 기자가 직접 인터뷰를 진행하지 못하는 경우가 발생되기도 한다. 이럴 경우 홍보 담당자의 역할이 더욱 중요해지는데 해외 시차를 잘 파악하여 연락하고, 해외 전화 인터뷰인 경우 기자의 의도와 인터뷰 대상자에 대한 정확한 정보를 파악하고 있어야 홍보 담당자가 원하는 홍보효과가 나올 수 있다. 이때 출연자와 계약서상 홍보협조사항을 잘 파악하여 오해가 발생되지 않도록 할 필요가 있다. 기자가 현지에 가지 못할 경우 제3자가 해

인터뷰 진행 시 주의사항

- 인터뷰를 요청한 기자의 언론사, 담당부서, 연락처 파악하기
- 홍보 담당자 일원화: 홍보 담당자가 지정되어 있으면 기자와 신뢰관계를 쌓을 수 있음
- 인터뷰 취지에 대한 이해: 홍보 담당자가 인터뷰 내용을 정확히 파악하지 못하거나, 인터뷰이에게 전달을 하지 못할 경우 기자와 오해가 생길 수 있음
- 사진 및 영상촬영 여부 확인
- 인터뷰 수락 여부 신속 통보: 긍정적 효과를 기대하기 위해서는 인터뷰 진행 여부를 신속하게 결정해서 알려주는 것이 좋음

외에서 인터뷰를 진행해서 기사를 작성하는 경우가 있는데 현지 거주민 중 해당 전공 중인 유학생이나 예술가 그리고 신문이나 방송의 현지 특파원이나 잡지사 등의 통신원 등을 활용하면 도움이 된다.

6) 인터뷰 확정 후

인터뷰가 결정이 되면 가장 적합한 인터뷰 대상자를 결정하고 어느 범위까지 인터뷰 내용에 넣을지 결정하며, 인터뷰의 장소와 방법에 대해 인터뷰이 및 기자와 논의한다. 그리고 인터뷰 진행 시 홍보 담당자가 동석을 원한다는 것을 알리고, 사진이나 영상을 찍을 경우 인터뷰대상자와 미리 상의하여 공연내용과 잘 맞는 이미지가 나올 수 있도록 한다.

Chapter 9

보도자료 작성법

1. 보도자료란 | 2. 보도자료 작성 요령

3. 보도자료 구성 | 4. 보도자료 작성 유의점

5. 보도자료 배포 방법

보도자료는 언론보도를 목적으로 언론사 또는 기자에게 전달하는 자료다. 홍보하는 입장에서는 언론을 설득하고 해당 내용이 기사로 채택되게 하기 위한 방법이고, 언론사에서는 기사 작성 시 기초자료로 활용한다. 그렇기 때문에 반드시 언론에 소구(appeal)되는 요소를 포함하고 있어야 한다. 즉, 홍보하고자 하는 공연의 많은 정보와 사실은 홍보 전략에 따라 그 메시지를 재구성할 수도 있다.

보통 신문, 방송에 보도되는 대부분의 기사는 '사실과 현상을 그대로', 즉 '스트레이트 기사'로 작성된다. 가장 기본적인 기사체로서, 이런 스트레이트 기사를 중심으로 해설기사와 분석기사도 나오게 된다. 이와 달리 특정한 사회적 상황이나 현상에 맞추어 홍보 이슈를 생성하는 것을 '기획기사'라고 한다. 공연과 연관된 사건과 사고 및 인물과 관련된 뒷얘기나 주변 이야기를 기사화할 수 있다. 스트레이트 기사가 충분히 설명하지 못한 부분을 취재하여 독자의 궁금증을 풀어주는 해설기사, 스케치기사, 인물기사 등을 통틀어 피처기사라고도 한다. 독자나 시청자가 쉽게 이해할 수 있도록 제공하는 기사라 할 수 있다. 피처기사는 독특한 소재, 평범하지만 독자의 흥미를 끌 수 있는 소재, 사건 주인공, 상식을 벗어난 독특한 상황, 진한 감동을 주는 에피소드로 구성된다. 이 밖에 전문가나 독자들이 기고하는 칼럼과 사진기자가 만드는 사진기사 등이 있다.

좋은 보도자료는

- 중요한 것부터 쓴다.
- 객관적인 사실에 근거하여 정확하게 써야 한다.
- 핵심만 이야기한다.
- 간결하고 쉽게 쓴다.
- 메인카피, 서브카피는 호기심을 유발하고 어떤 내용인지 알 수 있도록 만든다.

1. 보도자료란?

왜 보도자료를 쓰는가? 그 의미는 무엇인가?를 먼저 생각한다. 그 뒤에 보도자료에 포함될 정보를 수집하고 사실 여부를 파악한다. 어떤 대체를 대상으로 전달할 것이지 염두에 두면서 내용을 정리해야 한다. 우선 리드문을 통해 자료를 정리하는데, 이때 헤드라인과 부제 그리고 리드문은 보도자료 작성에서 가장 큰 비중을 차지한다는 사실을 명심한다. 이것이 왜 보도자료를 쓰는지, 그 의미는 무엇인지에 대한 답이 되어야 한다. 보도자료 초안작성 → 검토 → 배포에 3일 이상 걸리지 않도록 훈련한다. 보도자료 작성은 언론홍보의 시작일 뿐이라는 것을 명심한다.

- **전략적 PR 목표에 따른 보도자료 작성**: 왜 보도자료를 쓰는가?
- **보도자료 내용**: 어떤 의미인가?
- **사실에 대한 정리**: 객관적 사실관계, 근거자료에 대한 철저한 준비
- **대상 매체 선정 및 환경 분석**: 보도자료 내용 및 구성에 결정적 근거
- **새로운 접근법 도출**: 새로운 보도자료 형식을 시도
- **관련 Q&A 준비**: 예상 질문에 대한 응답과 사전 준비

2. 보도자료 작성 요령

- 유사 기사 참고해서 6하 원칙에 따라 핵심만 요약한다.
- 문단은 6~7줄 정도가 적당하고 한 문단에는 한 가지 주제만 담도록 한다.
- 역 피라미드형 기사체를 활용하고 가급적으면 전문용어를 피해서 쉽게 쓴다.
- 언론 입장에서 사고하고 독자에게 어떤 이익이나 혜택에 있는지 알려 준다.
- 이슈, 트렌드, 타이밍에 맞춰 릴리즈를 하면 뉴스가치가 더욱 높아진다.
- 제목과 리드를 강하게 뽑아서 기자들의 수많은 메일 중 눈에 띄게 만든다.
- 객관적인 자료를 바탕으로 사실 위주로 작성하되, 화려한 미사여구는 자제한다.

- 사진, 도표, 그래픽 등 시각적 자료를 첨부한다.
- 보도 희망일과 작성자, 연락처, 홈페이지 주소 등을 명기한다.
- 소리내어 읽으면서 수정하고 관련 팀에게도 사실내용을 확인한다.

3. 보도자료 구성

보도자료는 최대한 간략하게, 핵심요소만 담아 작성한다. 기자들의 메일함은 하루에도 수백 통의 보도자료로 가득 찬다. 이 중 기자의 시선을 끌고 클릭을 해서 열어본 후 최종적으로 기사화까지 되는 보도자료는 몇 개 되지 않는다. 그렇기 때문에 메일의 제목이자 보도자료의 핵심 주제이기도 한 '헤드라인'이 중요하다. 또한 바쁜 기자들이 한 눈에 파악할 수 있도록 간결 명료하게 보도자료를 만들고 그 외 후속 취재나 심층적으로 기사화할 수 있는 자료들은 첨부파일로 제공하여 기자들의 자료 수집을 돕는다.

보도자료는 표지(헤드라인(headline), 부제(sub headline)), 본문(리드(lead), 본문(body)), 첨부자료(attachment)로 구성된다. 이런 구성 또한 점차 단체나 담당자의 개성에 따라 변화하고 있다. 먼저 표지에는 헤드라인과 부제, 담당자 이름과 연락처 등을 넣는다. 그리고 본문은 리드를 포함하여 2~3페이지로 구성하여 작성한다. 그리고 첨부는 본문에 소개한 내용에 대한 보다 자세한 자료를 첨부하고 출연자 이력, 주요 스태프 이력, 공연내용 등을 넣게 된다. 모든 보도자료에는 페이지를 넣고 페이지마다 상단 혹은 하단에 공연단체명이 들어간 로고를 넣어주는 것이 좋다.

1) 표지

표지에는 공연에 대한 기본자료인 공연개요, 공연단체명, 홍보 담당자, 담당자의 유무선 전화번호와 이메일, 공연단체 및 공연 홈페이지, 보도희망날짜 등을 작성한다. 공연개요는 공연명, 일시, 장소, 입장료금액, 입장료 예매방법, 출연진, 주최, 주관, 협찬, 후원 등이 포함된다. 사진자료와 보도자료를 다운받을 수 있는 웹하드 아이디와 패스워드를 추가로 표기하고 공연명과 보도자료 제목은 표지에서 중심에 가독성있게 배치한다. 보도자료의 제목은 공연명으로 하기도 하지만 기자들에게 공연의 내용과 특징을 잘 전달할 수 있도록 시선을 끄는 헤드라인을 만드는 것이 좋다. 표지는 보통 한페이지 혹은 반페이지 구성하는 데 공연에 대한 가장 기본적인 정보, 담당자 연락처 등을 눈에 띄기 쉽게 정리하는 역할을 한다.

● **공연명, 공연단체 로고 노출/홍보 담당자 연락처**

공연단체나 공연명은 로고로 만들어서 보도자료의 모든 페이지에 표기해서 지속적으로 인지시키는 것이 좋다. 또한 홍보 담당자 이름과 담당자의 유선과 무선 연락처를 함께 명시하는데, 일반적으로 후속취재와 기사작성에 필요한 추가정보를 제공하기 위해 홍보 담당자의 직함과 이름 그리고 연락처를 보도자료 표지 맨 위에 적는 것이 좋다.

● **제목과 이미지**

보도자료의 제목은 공연의 내용을 함축하면서도 기자와 대중의 시선을 끌 수 있는 헤드라인을 만드는 것이 좋다. 그리고 포스터의 이미지를 표지에 포함하여 공연에 대해 인식하게 한다.

● **공연개요**

공연에 대한 기본적인 정보를 제공해야 한다. 공연일시, 공연장, 공연단체, 출연자, 입장료가격, 할인, 예매사이트, 공연문의 등의 정브를 간단하게 정리하여 표지에 기재한다.

● **보낸날짜 및 보도희망날짜**

보도자료를 보낸날짜와 보도희망날짜를 표기하는데 보통 희망날짜보다는 즉시 보도로 표기하여 보내는 경우가 많다.

종합보도자료 작성법

① 출발점

무엇을 전달하느냐! 포인트를 잡아라(이 공연을 왜 할까? 어떤 공연인가? 재공연작일 경우 이번 시즌의 특징은 무엇인가?)

② 자료수집

- **공연정보**: 일시, 장소, 관람료, 시간, 문의처, 주최, 기획, 협찬, 후원, 주관 등
- **언론평, 독자평(재공연 시)**
- **무대 메커니즘**: 무대 조명, 음향, 의상, 분장, 가발 등
- **공연 사진 및 영상**
- **숫자의 계량화**: 흥행기록, 제작비, 출연자수, 제작비
- **준비과정의 일화(비하인드 스토리)**: 오디션(장기간 오디션 참가인원, 유명배우의 오디션 이야기 등) 연습(장기간 준비), 무대제작
- **배우 스태프**: 인터뷰 프로필
- **줄거리**

③ 개요구성

- **서문**: 본문 내용을 축약해 도입부분에 쓴다
- **공연정보**: 일시, 장소, 관람료, 출연진, 시간, 문의처, 사진 받을 수 있는 사이트(혹은 사진 압축하여 첨부)
- **구체적인 스토리텔링**: 서문에서 구체적으로 언급하지 못했던 내용 서술
- **첨부파일**: 수상내역, 배우 및 스태프 프로필, 언론 리뷰

보도자료의 종류

- **종합보도자료**: 공연 개막을 앞두고 공연에 대한 전반적인 소개자료 배포
- **행사보도자료**: 기자간담회, 제작발표회(캐스팅발표회), 연습실공개, 프레스리허설 등 행사에 따라 시기를 달리하여 보도자료 배포
- **행사리뷰 보도자료**: 관객평가, 관객입장객수 등을 정리하여 배포
- **가십보도자료**: 배우 및 출연진에 대한 이슈가 생길 경우 배포
- **기획보도자료**: 타 공연과 비슷한 주제, 아이템 등을 묶어 배포

2) 본문

보도자료에서 가장 중요한 부분으로 보통 2~3페이지 나외로 작성한다. 가장 먼저 본문의 내용을 요약한 부제 몇 개를 정리하여 맨 위에 넣는다. 본문의 내용은 공연의 홍보전략에 따라 중요한 내용부터 작성하게 된다. 일반적으로 기획의도와 공연내용이나 특징 그리고 출연진 및 제작스태프에 대한 내용으로 작성하는데, 특히 기사화될 수 있는 주요 이슈와 관객들이 공연을 관람하면서 얻을 수 있는 혜택을 본문에 포함하도록 한다.

3) 첨부

되도록 본문은 간략하게 쓰되 기자가 기사 작성에 참고할 내용들은 첨부로 소개한다. 주로 본문에 언급한 내용이나 그 외 공연에 관한 정보를 한 페이지씩 구체적으로 작성하여 첨부하게 된다. 일반적으로 공연내용소개, 작품수상경력, 공연연혁, 출연진 이력, 주요 스태프소개, 공연단체소개 등을 첨부한다.

4. 보도자료 작성 유의점

1) 기본에 충실할 것

보도자료를 작성할 때 가장 기본이 되는 것은 한글맞춤법, 표준어, 외래어표기법, 띄어쓰기 등 표기방법이다. 또한 기자들에게 정보를 제공하는 목적으로 정확하게 확인한 내용만을 담아야 한다. 홍보기획에서 강조하고자 하는 내용을 선정하고 우선순위를 두어 가장 중요한 내용부터 차례차례 써 내려 가는데, 만약 이전 공연에서 평론가의 좋은 평가나 기자들의 좋은 리뷰가 있으면 소개하고, 중요인사들이 공연을 관람했으면 이에 대해서도 언급하는 것이 좋다. 기사는 대중들이 쉽게 이해해야 하므로 공연에 대한 전문적인 용어나 심도 깊은 내용은 피하는 것이 좋다. 마지막으로 육하원칙에 따라 작성하고 있는지를 확인하며 화려한 수식어를 반복하는 것도 피한다. 보도자료의 신뢰도를 높이기 위해서는 작품이나 음악, 출연자 등의 수상경력이 있다면 구체적으로 언급하고 흥행을 한 기록, 예를 들어 객석점유율, 공연횟수, 국내 최다, 제작비, 출연자수, 의상제작벌수 등 계량화된 숫자를 활용한 내용은 도움이 된다.

2) 기자의 눈으로 보기

보도자료는 객관적인 기사를 쓰는 데 필요한 자료다. 보도자료를 작성하는 홍보 담당자 입장에서는 자신이 홍보하는 공연에 애정을 쏟고 최고처럼 포장해야 하지만 기자의 눈으로 객관화시켜 자료를 검토해야 한다. 수많은 보도자료를 받는 기자들이 공연에 대해 관심을 가질 수 있도록 호기심을 자극하면서 공연소개 기사에 이어 공연을 관람하고 리뷰기사까지 쓸 수 있도록 유도한다. 그리고 글로만 표현되는 기사는 파급효과가 약하기 때문에 공연의 느낌을 표현할 수 있는 사진과 동영상 자료를 준비하여 함께 제공하여야 한다. 또한 각 매체별 기자의 성향이 다르기 때문에 꾸준히 기자들의 기사를 읽고 개인적인 친분을 쌓으면서 관심 있는 분야에 대해 파악하는 것이 중요하다.

3) 공연의 모든 과정을 이해할 것

홍보 담당자는 공연기획회의, 제작회의, 연습 등 전과정에 적극적으로 참여하여서 기획방향을 파악하고 공연내용을 바탕으로 한 홍보타깃과 포지셔닝을 결정하면서 홍보매체를 선택한다. 그리고 언론에 이슈가 될 만한 소재를 꾸준히 발굴하여 지속적으로 보도자료를 작성하여 발송한다.

4) 사회 트렌드를 읽는 눈

언론에서 일반적으로 선호하는 기사는 미래전망이나 미래의 흐름에 대한 이야기, 전문가나 이슈를 만드는 사람들의 인터뷰를 포함한 이야기, 지금의 사회상황을 반영하는 내용, 발신처를 명확히 밝히고 통계나 수치를 포함한 내용, 한 분야의 새로운 트렌드를 포함하는 내용 등의 기사를 선호한다. 그렇기 때문에 공연홍보 담당자는 자신이 홍보하는 공연에만 집중할 것이 아니라 다양한 사회 트렌드를 읽을 수 있어야 하고, 공연의 의미를 제시해야 한다. 특히, 홍보할 공연의 보도 아이템 개발을 위해서는 꾸준히 다른 공연을 관람하면서 홍보할 공연의 특징을 잘 파악하는 것도 중요하다. 신작이나 초연 공연을 홍보할 때는 새로운 홍보이슈를 제시할 수 있지만 재공연이나 장기공연을 할 때는 기존과는 다른 홍보이슈 개발에 어려움을 느낄 수도 있다. 하지만 공연이 올려지는 시기가 다르고 사회적인 트렌드도 달라졌기 때문에 이런 배경 환경에서 같은 공연일지라도 그 의미가 어떻게 달라지는지 파악해보는 것이 좋다. 보도자료의 제목을 따로 만들고자 할 때는 요즘 유행하는 신조어들을 적절히 활용하거나 비슷한 공연의 기사 헤드라인 등을 참고하는 것이 도움이 된다.

5. 보도자료 배포 방법

보도자료는 대부분 담당기자들에게 이메일로 발송한다. 발송 후에는 보도자료를 잘 받아서 읽어보았는지 개별로 확인 전화를 하거나 직접 방문하여 기사화될 수

알아두면 유용한 언론홍보 TIP

- 언론 매체 리스트 만들기
- 언론사별 문화면 요일 확인
- 매체별 특징에 맞는 아이템 찾기
- 기자와 관계 유지하기
- 자료 정리
- 기자가 요청하는 내용은 ASAP

있도록 유도한다. 기자간담회를 통해 언론에 알리는 방법도 있다. 완성된 보도자료는 보내는 날짜를 고민해야 하는데 국가적 이슈나 행사가 있을 때는 피해서 보내야 한다.

발송대상은 각 매체의 문화부 담당기자들에게 보내고 정확한 마감시간을 파악하여 보도자료가 잘 활용될 수 있도록 한다. 그리고 기사가 나왔는지 매일 오전 점검하고 기사가 나올 경우 기자들과 통화하여 감사인사를 하는 것이 앞으로의 유대관계를 위해 도움이 된다. 기사는 공연관계자들과 공유하고 만약 부정적인 기사가 나왔을 때는 이에 대한 대응하는 보도자료를 작성하거나 부정적 여론이 확산되지 않도록 대안을 마련해야 한다.

보도자료 전달 시 주의사항

- PPT 등 큰 용량으로 메일을 보내지 않는다.
- 사진 용량은 너무 크면 안 된다.
- 사진 제목도 센스다.
- 보도자료 전송 후 확인도 센스 있게
- 언론사는 우리의 홍보 팀이 아니다.
- 단체 메일로 보내지 말 것

Chapter 10

마케팅

1. 예술과 마케팅의 양립 | 2. 공연마케팅의 복잡성
3. 공연예술 관객의 이해 | 4. 마케팅 기획
5. 소비자 구매행동 결정과정 | 6. 마케팅 철학 5가지 유형

1. 예술과 마케팅의 양립

우리가 일반적으로 이야기하는 '마케팅'이란 기업의 이윤추구라는 정의로 널리 이해되고 있다. 기업에서의 마케팅이란 '소비자들에게 기업의 제품이나 서비스를 보다 많이 판매하여 이익을 얻고, 서비스나 제품이 생산자에서 소비자로 이전되는 모든 활동으로 소비자를 만족시키기 위해서 제품이나 서비스의 생산, 가격 결정, 유통 그리고 촉진 등의 모든 활동'을 의미한다. 마케팅 분야의 세계적인 석학 필립 코틀러(Philip Kotler)는 마케팅을 '기업, 비영리조직, 정부조직 등이 그 고객의 욕구를 파악하고 그에 부합하는 상품이나 서비스를 기획·개발하여, 최소한의 비용으로 최대한의 고객만족을 이룸으로써 최대한의 가치를 창출할 수 있도록 상품 및 서비스를 제공하는 행위'라고 언급했다. 코틀러의 마케팅 정의는 마케팅 주체가 기업뿐 아니라 비영리조직과 정부조직까지 포함하고 있어 광의의 개념으로 이해할 수 있다.

예술 분야에 마케팅 이론과 기법을 적용하는 것에 대해 예술을 상품화한다는 이유로 부정적인 견해를 보이는 시각도 있지만 이는 마케팅을 이윤으로만 연결시키는 수단이라고 생각하는 데서 오는 착오다. 예술작품의 마케팅은 단체와 조직의 이익도 있지만 사회적인 가치와 이익증진에도 기여하기 때문이다. 또한 예술시장을 통해 예술작품이 공급된다는 점에서 관객을 개발해야 하고 이것이 마케팅이 필요한 가장 중요한 이유이기도 하다. 마케팅의 최종목표는 고객의 행동에 영향을 미치는 것, 즉 공연관람권을 사도록 유도하는 이 모든 일련의 과정이라고 할 수 있다.

공연예술시장의 성장과 함께 경영 관점에서의 마케팅 적용이 활발하게 이루어지고 있고 그 중요성이 커지고 있는 것이 사실이다. 공연마케팅은 '작품과 관객이 공연장에서 만나는데 이루어지는 모든 활동'을 의미한다. 그러므로 공연마케팅이 작품성·예술성을 무시하거나 해치는 것이 아니며, 공연 관람권을 강제로 판매하는 것이 아니라는 점이다. 하지만 이런 마케팅적 사고가 '시장지향적 접근을 통한 고객만족'이라는 점에서 공연예술시장에 그대로 적용이 가능한지 질문할 수 있다. 공연예술의 목표가 고객만족이 될 수 있을까? 마케팅 개념의 기본 전제는 '기업의 경영전략에 부합되고 그 대가로서 기업의 과제가 달성될 수 있는 한 기업은 고객의 요구와 희망사항이 무엇인지 파악하여 이를 만족시키기 위해 노력해야 한다'는 점이다.

아이러니한 것은 이와 같은 시장지향적 철학과 마케팅의 기본 전제는 예술이 전부라고 생각하는 견해와 양립이 어렵다는 점이다. 만약 어떤 공연예술단체의 공연 후 관객만족도 설문조사를 실시했을 때 모든 관객이 만족했다는 평가가 나온다면 성공적인 마케팅의 결과로 보고 예술감독은 더 이상 관객들에게 도전적이고 자극을 줄 수 있는 예술작품을 만들어나갈 책임은 없어지는 것일까? 공연마케팅에서 중요한 것은 바로 이런 예술과 마케팅의 양립, 그리고 이에 따른 균형이다. 반드시 예술작품의 생산자인 예술가와 소비자인 관객이 함께 고려될 때 공연마케팅이 빛을 발하게 된다.

2. 공연마케팅의 복잡성

기업의 마케팅 논리를 공연에 그대로 적용할 수는 없다. 상품과 서비스는 수요와 이윤의 가능성에 따라 생산되고 유통된다는 특징이 있다. 하지만 공연예술단체의 목적은 예술가와 그 메시지를 가능한 많은 관객에게 알리는 것이지, 관객이 원하는 예술가와 작품을 만드는 것이 아니다. 또한 기업의 경우 경제적 필요가 있어야 혁신을 해나가지만 공연예술단체는 경제적 성공에 확신이 없더라도 사회적·미적 가치를 실현하기 위해 혁신한다. 그렇기 때문에 공연마케팅은 아래 세 가지 문제가 나타난다.

1) 공연예술단체는 예술작품을 팔 수 있는 시장을 찾아야 한다

만약 수요가 거의 없는 작품을 제작하는 경우라면 현재 시장에 형성되어 있는 수요를 만족시키는 것이 아니라 새로운 수요를 만들어가야 한다. 매해 같은 공연을 올려도 매진행렬이 이어지는 대형 라이센스 뮤지컬이 아니더라도 소규모 연극, 무용 공연은 기대 관객층이 없더라도 공연을 제작하고 새로운 수요, 즉 신규 관객을 개발하기 위해 노력한다.

2) 공연예술단체는 시장을 확대해야 한다

어떤 시장이든 규모는 한정되어 있다. 하지만 공연예술은 관객을 개발하기 위해 교육과 다양한 프로그램을 만드는 시도를 하면서 시장을 확대하기 위해 노력하지만 시간이 많이 들며 재정적 위험이 수반된다.

3) 공연예술단체는 관객을 계속 유지해야 한다

경제적인 타당성과 상관없이 예술적 이상을 성취하고 혁신을 지속해가려는 공연예술단체는 관객을 찾고 확대하며 유지해나가는 데 있어 극도로 불리한 조건을 감수해야 한다. 그렇기 때문에 운영비 중 상당부분을 지원금 수입에 의존할 수밖에 없는데 담당자는 이런 변화 속에서 다양한 관객의 관심과 요구를 민감하게 받아 들여야 한다.

3. 공연예술 관객의 이해

일반적으로 마케팅의 목표는 제품이나 서비스의 차별화된 가치를 잠재적 소비자들에게 알리고 이들을 신규 소비자들로 유인하는 것과 기존 소비자들에게는 만족감을 제공하는 것이다. 이를 공연마케팅으로 접목해보자면 자신이 판매하고자 하는 공연의 차별화된 가치를 관객들에게 알리고 신규 관객들에게 관람권을 사도록 유인함과 동시에 기존 관객들에게도 공연의 콘텐츠나 서비스로 만족감을 제공하는 것으로 이해할 수 있다.

마케팅에서 가장 중요한 것은 타깃고객을 파악하는 것이다. 전체시장을 같은 특성을 가진 그룹으로 나누고 제품이나 서비스에 맞는 타깃고객을 선정하는 것이 마케팅의 효율성을 높이는 방법이다. 타깃고객에게 우리 제품을 왜 구매해야 하는지 답을 제시하고 구매행동까지 이루어질 수 있도록 해야 한다. 제품이나 서비스를 판매하는 방법에만 중점을 두는 대신 소비자들을 먼저 파악하여 그들이 무엇을 원하는지 욕구에 따라, 아니면 한 발 더 앞서나가 제품이나 서비스를 제공한다.

다양한 환경변화에 의해 소비자들의 욕구는 점차 다양해지고 있다. 다양한 욕구에 따라 소비자들이 원하는 제품도 다양하다. 아직까지 나타나지 않은, 소비자들의 숨겨진 욕구를 파악하여 이를 바탕으로 새로운 제품을 만들어서 새로운 시장을 형성해야 경쟁력을 가지게 된다. 기존의 휴대폰 시장에서 애플이 내놓은 스마트폰의 혁신적인 디자인과 성능으로 거둔 성공이 보여주듯이 가장 좋은 마케팅은 소비자들의 잠재적 욕구를 읽고 한 발 더 나아가 그들이 원하는 것을 먼저 제시하는 것이다. 공연예술시장 역시 점차 확대되면서 관객들의 욕구도 다양해지고 있다. 이미 브로드웨이, 웨스트앤드나 세계적인 공연예술축제에서 다양한 관극경험을 쌓은 관객들의 욕구는 점차 높아지고 있는 것이 사실이다. 이들 관객들의 경험과 기대를 뛰어넘는 마케팅의 다변화를 시도해야 한다.

현재 가장 큰 변화는 전통적인 공연형식의 탈피를 통한 관객참여형 마케팅이다. 기존의 공연이 작품을 제작하는 입장에서 공연을 만들고 선보이고 홍보마케팅을 하는 일련의 과정을 겪었다면, 지금은 점차 관객들이 공연에 참여하고 함께 만들어가면서 그 자체가 중요한 마케팅전략으로 소개되고 있다. 전통적인 공연장이나 무대라는 장소에서 벗어나 공연의 컨셉에 맞는 어느 곳에서든 색다른 경험을 할 수 있고, 무대와 객석의 경계 없이 공연의 한 가운데에 관객이 직접 들어가 참여하면서 관객은 기존과는 전혀 다른 관극을 하게 된다. 이 과정에서 생성되는 메시지와 관객들의 참여 리뷰는 더욱 생생하게 타깃관객들에게 효과적으로 전달되게 되고, 실시간 소통으로 관객의 반응을 작품에 반영하며 관객이 공연의 또 한 명의 주인공이 되도록 하고 있다.

4. 마케팅 기획

마케팅 기획이란 적절한 마케팅 목표를 설정하고 이를 달성하기 위한 전략수립을 위해 세부적인 프로그램, 전술, 예산을 수립하는 과정이다. 이때 SWOT 분석[1)]을 통한 조직 내·외부의 마케팅 환경분석을 하고, 정교한 관객조사로 잠재관객의 특성과 성향, 그리고 타깃관객의 욕구와 희망을 분석해야 한다. 이를 바탕으로 시장세분화와 타깃시장 설정 그리고 포지셔닝 전략을 수립하게 된다. 그 뒤 구체적인 마케팅 목표를 설정한다.

마케팅 기획 과정
SWOT 분석 → 마케팅 목표 설정 → 관객조사(STP 전략) → 4P/Marketing Mix 기획

1) 내·외부 환경분석: SWOT 분석

조직의 내부환경과 외부환경을 각각 긍정적인 측면과 부정적인 측면으로 구분하여 분석한다. 조직이 처한 여러 가지 내외부적인 여건을 구체적으로 파악하여 목표와 우선순위를 이에 맞게 설정할 수 있다.

• 조직내부 환경분석

조직이 현재 보유하고 있는 자원(인력, 재정, 시설 및 장비, 프로그램, 경험) 등의 특성을 긍정과 부정적 측면으로 나누어 분석하고, 특히 강점 분석 시 자신만의 독특한 역량을 파악하는 것이 중요하다.

1) Strength 강점, Weakness 약점, Opportunities 기회, Threats 위협, 4가지 상황요인을 분석하여 마케팅 전략을 세우는 분석방법론

분석 예시 질문

- 조직구성은 얼마나 체계적인가?
- 주요 임직원의 능력은 어떤가?
- 업무량에 비해 인원은 충분한가?
- 관련 분야의 경험은 얼마나 있는가?
- 재정여건은 어떤가?
- 공연의 질은 어느 정도인가?
- 인지도는 높은 편인가?
- 전문시설이나 장비는 보유하고 있는가?
- 시설의 입지는 유리한가?

● 조직외부 환경분석

외부의 정치·경제·사회·문화·기술·경쟁단체 등의 환경적 요소들을 긍정과 부정적 측면에서 분석하고 긍정은 기회, 부정은 위협으로 구분해서 정리한다. 외부환경은 마케팅 방향 설정 시 결정을 내리는데 힘든 제약이 되는 경우가 많지만 반면에 외부환경의 변화를 잘 활용하면 한 단계 도약의 계기가 되기도 한다. 외부환

SWOT 분석

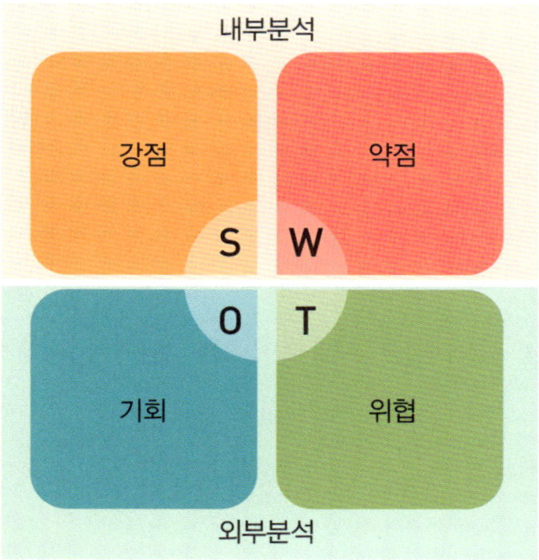

경은 수시로 변하기 때문에 예술정책과 관련된 입법이나 제도의 변화, 경기변동에 따른 창작 환경 변화, 인터넷이나 모바일 등을 통한 커뮤니케이션 기법의 등장 등 미래에 영향을 미치는 외부환경의 변화에 민감하게 대응할 준비를 해야 한다.

2) 마케팅 목표

● 관객유지

정기회원 자격갱신, 관객과 관계형성 프로그램 통해 지속적인 유대 형성 관객의 참여빈도 제고 전략

● 관객확대

적극적으로 고려하지 못했던 계층을 흡수하여 타깃관객 확대

● 관객개발

신규관객이 접근할 수 있는 프로그램 개발(동호회 운영으로 관객 간 교류 프로그램 확대, 시설투어, 이벤트 개최, 학생 대상 프로그램 개발, 기업체 직원 등 특정 그룹 대상 프로그램 개발)

● 관객의 질 제고

기존 관객들의 예술 향유 수준을 높이고 관심을 제고하기 위한 프로그램 내용 강화, 뉴스레터 및 소식지 발송, 워크숍과 심포지엄 개최

● 관객규모와 관람권 판매 수입 제고

관객 유지나 개발과 달리 한 시즌 혹은 개별 사업별로 구체적인 참여관객 숫자 확대하고 수입 제고

3) 관객조사(STP 전략)

● 시장세분화(segmenation)

일반 관객들의 선호, 관심, 구매성향은 각기 다양하다. 모든 관객을 만족시킬 수 없기 때문에 우리에게 맞는 관객을 잘 파악하고 고객별르 다르게 마케팅전략을 세워 접근해야 한다. 그렇게 하기 위해서는 세분화된 그룹별 특성을 잘 분석할 필요가 있다. 공연마케팅에서 가장 효과가 높은 것은 장르별 선호를 중심으로 시장을 세분화하거나 관람빈도별로 세분화하여 각 특성을 잘 분석하여 이에 따른 전략을 세워서 접근할 때 효과가 높을 수 있다.

관람 빈도별 특성을 정리해보면

- **충성도 높은 단골관객**: 색다른 공연을 관람하는데 참여가치를 두고 있어서 공연관람은 삶의 중요한 부분을 차지하고 있다. 사람을 만나는 것보다는 공연관람에 의미를 더 부여한다.
- **일회성 관객**: 본인이 가장 관심이 높은 공연에만 참석한다. 일회성 관객은 구매결정을 할 때 비용과 편안함을 중요하게 생각한다.
- **공연에 전혀 관심 없는 비관객**: 공연에 무관심한 그룹으로, 격식을 차리고 시간과 비용이 많이 들며 불편하기 때문에 공연관람을 하지 않는다. 비관객은 좀처럼 마음의 문을 열지 않기 때문에 장기적으로 문화예술 교육이나 생활예술로 점차적으로 접근하는 것이 좋다.

● 타깃관객 설정(targeting)

전체시장의 다수를 대상으로 무작정 마케팅을 하면 효과가 떨어질 수밖에 없다. 가장 효과가 높은 것은 단일세분시장에 집중하는 것이다. 단일시장은 보다 명확하게 관객들이 이해하기 쉬운 메시지 전달이 가능하고 지역도 한정된 범위 안에서 집중할 수가 있어 비용도 적게 들고 효과는 높게 된다. 예를 들어 '청소년을 위한 여름방학 클래식 음악회', '임산부를 위한 태교음악회'는 타깃관객이 명확한 공연기획이다.

● STP 전략

① Segmentation(고객분류)

• 한 가지 기준이 아니라 2~3가지 섞어서 잡는 것이 좋다.
• 고객분류가 넓을수록 전달하려는 핵심 메시지가 모호해진다.
• 한편 너무 많은 기준을 적용하면 해당 분류 규모가 너무 작아진다.

② Targeting(고객선택)

STP 전략

Segmentation	Targeting	Positioning

Segmentation	Targeting	Positioning
• 시장 내 다양한 소비자 집단으로 구분 • 구분 기준: 인구통제하(나이, 소득, 가구구성 등), 지역(서울, 수도권, 거점도시 등), 생활양식(성격, 취미, 직업 등)	• 세분화된 고객군 중 가장 열광적인 고객군 선택 • 주로 제품/서비스에 영향력을 미칠 요소가 많거나 구매 볼륨이 큰 집단	• 동일한 고객집단을 타깃으로 하는 다양한 기업들 사이에서 비교우위를 점할 수 있는 방향으로 포지션 설정

흔히 사용되는 '타깃마케팅'은 일정 조건을 충족하는 고객들을 대상으로 DM(Direct Mail), Push 메시지, 광고문자 등이 발송되는 마케팅기법

③ Positioning (고객인식)

경쟁사들과 비교우위 찾기

● **포지셔닝(positioning)**

타깃을 정한 관객들이 관심을 가지고 구매결정까지 할 수 있도록 영향을 미치는 게 가장 중요하다. 마케팅에서 가장 중요한 차별성을 찾아서 적극적으로 관객들이 알 수 있도록 해야 한다. 명확한 포지셔닝을 통해 홍보마케팅 그리고 디자인까지 일관성을 가질 수 있다. 예를 들어, 조수미 콘서트는 일류 포지셔닝 전략을 수립하여 무대, 의상, 공연장, 입장료, 홍보문구, 홍보물디자인, 홍보인쇄물의 종이 재질 등까지 일관성 있게 반영하여야 한다. 사소한 부분까지도 일관성 있고 지속적인 메시지를 전달해야 관객들도 공연의 특징과 차별성을 명확하게 이해할 수 있다 .

4) 4P/마케팅 믹스(Marketing Mix) 기획

마케팅 믹스는 다양한 마케팅 수단을 활용하여 마케팅 실행계획을 수립하는 것이다. 마케팅 수단은 전통적으로 제품(Product), 장소/유통(Place), 가격(Price), 촉진(Promotion) 등 4P로 구분해서 접근한다. 최근에는 여기에 사람(People)을 더해 5P로 접근하기도 한다. 제품은 마케팅의 가장 기본이다. 제품이 있어야 제품에 적합한 가격이 설정되고 유통경로를 결정한 후 제품가치에 대해 알리고 구매하도록 설득하는 촉진방법을 결정할 수 있다. 촉진은 소비자들을 설득하여 제품구매가 이루어지도록 하는 모든 홍보와 판매활동을 의미한다.

4P	
제품(Product)	기업이 생산하는 제품이나 제공하는 서비스
가격(Price)	기업의 제품과 서비스에 적합한 가격
유통(Place)	기업의 제품이나 서비스가 소비자에게 전달되는데 사용되는 경로 혹은 제품이나 서비스가 소비자와 만나는 공간
촉진(Promotion)	제품이나 서비스에 대한 가치를 알리고 소비자들이 구매하도록 설득하는 데 활용하는 홍보 등의 모든 활동

제품과 서비스의 질은 높아지고 다양한 제품과 서비스가 제공되면서 소비자들의 경험은 중요한 마케팅의 요소가 되고 있다. 이제는 양보다는 질이 중요하고 질보다는 감성적인 스토리를 담고 있는 제품과 서비스가 주목받고 있다. 따라서 '차별성'이 마케팅의 중요한 핵심이 되고 있다.

4P는 생산자인 기업의 관점이고 소비자들의 중요성이 대두되면서 고객관점의 4C가 나타나게 된다. 4C는 고객가치(Customer Value), 고객비용(Cost), 편리성(Convenience), 의사소통(Communication)으로 4P를 바탕으로 4C가 탄생하게 되었다.

4P	4C
제품(Product)	고객가치(Customer Value)
가격(Price)	고객비용(Cost)
유통(Place)	편리성(Convenience)
촉진(Promotion)	의사소통(Communication)

고객가치란 고객이 제품(Product)을 구입해서 얻는 가치(Customer Value)를 중심으로 생각하는 개념으로 기업이 제품을 만들 때 고객의 입장에서 느끼는 가치에 관해 고민하는 것이다. 가격(Price) 책정은 기업의 지출과 수입의 관점에서 전략을 세웠지만 이제는 고객의 입장에서 기업의 제품가격이 합리적 비용(Cost)인지에 대해 분석하고 가격전략을 세우는 것이다. 어떤 경로로 고객에게 판매할 것인가에 대한 고민인 유통(Place)은 마트나 백화점 등의 장소중심적인 개념에서 고객이 가장 편리하게 구입할 수 있는 방법이 무엇인지를 바탕으로 유통채널을 결정하는 것이다. 마지막으로 촉진(Promotion)은 기업입장에서 제품에 대한 가치를 일방적으로 알리고 전통적인 매체인 신문이나 TV 그리고 광고를 통해 홍보를 진행했지만 인터넷과 스마트폰 발달로 기업과 고객은 이제 쌍방향으로 소통할 수 있게 되었다. 다양한 채널을 통해 고객은 의견을 바로 제시하고 기업은 실시간 고객의 의견에 답변하고 개선하면서 기업과 고객 간의 의사소통

(Communication)이 이루어지고 이를 바탕으로 홍보 및 마케팅 활동이 활발하게 전개되고 있다.

전통적으로 마케팅은 4P로 정의되었지만 소비자가 중요하다는 인식이 확산되면서 4C가 나타나게 되고 현재는 4E 개념으로 발전하고 있다.

4E	
고객전도사(Evangelist)	충성도가 높은 고객은 제품을 알리는 전도사가 된다.
고객충성도(Enthusiasm)	충성도가 높은 고객이 많으면 기업이나 제품의 브랜드 가치를 높인다.
고객경험(Experience)	고객은 제품의 가치를 구매한다.
교환(Exchange)	제품에 대한 고객의 제품은 다른 고객과의 체험에 대한 교환에서 더욱 신뢰가 두터워진다.

충성고객은 제품을 다른 사람에게 적극적으로 알리는 전도사역할을 하고, 충성고객이 많을수록 기업의 이미지와 제품 브랜드의 가치가 높아진다는 것이다. 또한 고객은 다른 고객과 제품경험에 대한 의견 교환을 통해 제품과 기업에 대한 신뢰가 더욱 커진다. 따라서 제품을 만들 때 고객들에게 차별적인 감성적 부가가치를 제공해야 한다.

4P-Marketing Mix

마케팅도구	경영	공연예술
Product	제품	작품
Price	가격	입장료
Place	유통	공연장, 예매
Promotion	촉진	촉진

마케팅 기획 단계에서는 이런 STP와 4P 전략수립과 아울러서 마케팅 추진일정과 소요예산 및 부서별, 담당자별 역할분담 등에 관한 내용을 포함하는 포괄적인

준비를 하게 된다. 마케팅 예산의 효용성은 집행 후 평가를 통해 당초 마케팅 목표를 통해 편성했던 의도대로 예산이 효과를 발휘했는지 집중 검토해야 한다.

5. 소비자 구매행동 결정과정

소비자에게 미치는 다양한 환경적 요인에 따라 소비자들의 반응은 변화하게 되고 이는 마케팅전략에 가장 큰 영향을 미치게 된다. 소비자는 구매를 하기 전 여러 단계를 거치게 되는데 단계를 거칠 때 마다 제품이나 서비스의 정보를 취득하게 되고 이는 단계별 소비자들의 판단에 영향을 미치게 된다. 하지만 항상 이러한 단계를 거치지 않는 경우도 있다. 광고를 본 순간 바로 구입하는 '충동구매'를 할 수 있고, 인터넷과 스마트폰 환경은 기존의 소비자 구매행동 과정에 변화를 주고 있다. 보통 아래의 다섯 단계를 거치게 된다.

문제 및 욕구 인식 → 정보탐색 → 대안평가 → 구매결정 → 구매 후 평가

대부분의 공연예술 관객은 흥미 있는 공연의 홍보물만으로도 관람권 구매결정에 대한 자극을 받는다. '특정한 작품이나 배우를 보기 위해 극장에 간다'라는 이런 구매행동을 보이는 관객들에게 예술행사 참석은 일상적이고 친숙한 일이며 관람권 구매결정도 비교적 단순한 저관여(low-involvement) 상태에서 이루어진다. 고관여(high-involvement) 교환의 경우 구매결정 과정이 훨씬 복잡해지는데, 고관여 상태는 대개 교환의 유형이 의사결정자에게 낯설고 소비자가 그 상품의 유형에 대해 잘 알지 못할 때 발생한다. 상품이 고가이며 위험부담이 있을수록 소비자의 관여도가 높아지는 것이다. 예를 들어 어떤 상품의 구매가 소비자 자신의 이미지를 형성해주는 역할을 하거나, 특정한 행동방향에 대한 준거집단(가족, 친구, 직장동료, 동호회 등 개인의 행동에 직간접적으로 영향을 미치는 사람들)의

소비자행동에 영향을 미치는 요인	
거시환경적 트렌드	사회적, 정치적, 경제적, 기술적 영향
문화적 요인	민족, 하위문화, 사회계층
사회적 요인	준거집단, 오피니언리더, 혁신성향
심리적 요인	성격, 믿음과 태도, 동기
개인적 요인	직업, 경제적 연건, 가족, 라이프사이클 단계

알아두면 유용한 **홍보마케팅 용어**

● **소비자(고객)**

인터넷의 발달로 소비자들에게 제품을 소개할 수 있는 마케팅 채널은 폭발적으로 늘어나고 있고 무수한 정보들이 쏟아지고 있다. 전통적인 마케팅 채널인 TV채널, 신문, 잡지 등의 채널에서 인터넷의 발달과 스마트폰으로 인해 개인블로그, 카페, 페이스북, 인스타그램, 유튜브 등으로 사용자 환경이 이동하면서 온라인마케팅의 중요성이 커지고 있다.

소비자의 행동에 가장 효과적인 영향을 미치는 것은 스마트폰과 소셜미디어다. 과거에는 TV나 신문 등 제한된 매체의 뉴스나 기사를 통해 구매에 영향을 미쳤는데 이제는 인터넷 발달로 PC와 스마트폰으로 다른 소비자와 정보교류를 하면서 소비자들에게도 큰 변화가 생겼다. 이런 환경적 변화로 기업이나 제품에 대한 충성도만으로 제품을 구매하지 않는 성향이 나타나고 있고 그렇기 때문에 기업이나 공연예술분야에서도 과거에 사용되었던 마케팅 방식에서 새로운 변화를 주어야 하는 시기이다.

소비자들의 행동 정보는 마케팅전략을 결정하는 데 영향을 미치게 된다. 마케팅의 기본인 시장세분화에서는 소비자의 구매가 어떠한 변수에 의해 달라지는지 파악해야 하고 목표시장을 선택하는 과정에서는 소비자에게 제대로 접근하는지에 대한 파악이 필요하고 포지셔닝은 소비자들이 인식하고 있는 것과 어떻게 해야 소비자들에게 원하는 방향으로 인식될 수 있는지에 따라 전략을 결정하게 된다.

압력이 강한 경우 소비자들의 관여도가 높아진다.

만약 어떤 관객이 구매결과에 만족해서 5년간 지속적으로 시즌 티켓을 구매하고 있다면 이는 저관여 결정이라고 할 수 있다. 이런 결정은 이미 그 관객에게 아주 일상적인 일이 됐기 때문에 주목할 만한 의사결정과정이 없는 상태가 된다. 이 같은 구매결정은 '즉각적 재구매'라고 지칭하기도 한다. 이전의 경험을 통해 그 예술단체 뿐 아니라 재구매에 대한 비용과 혜택을 미리 잘 알고 있으므로 결정과정에서 많은 정보를 필요로 하지 않기 때문이다. 하지만 처음 공연을 보는 사람이라면 고관여 결정이 될 수 있다. 친숙하지 않은 공연에 대한 비용 지불은 새로운 부담을 의미한다. 이런 의미 때문에 기존의 관객들을 관리하고 이들이 지속적으로 관람권을 사는 것이 얼마나 중요한지 알 수 있다.

● 심리학자 매슬로우(Abraham Maslow)의 욕구이론

사람의 욕구는 5단계로 생리적 욕구, 안전의 욕구, 소속 및 애정의 욕구, 존중의 욕구, 자아실현의 욕구로 제일 하위욕구인 생리적 욕구에서부터 단계를 거치면서 상위욕구로 올라간다는 이론이다.

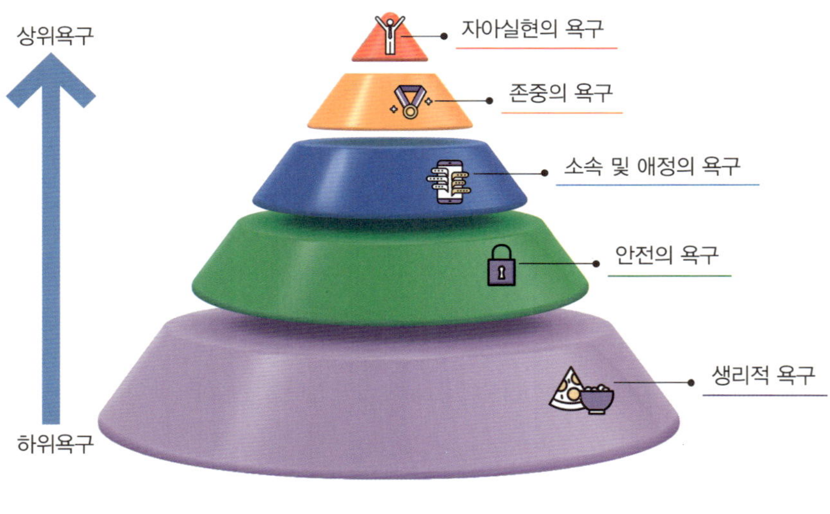

알아두면 유용한 홍보마케팅 용어

● **고객관계관리(CRM: Costomer Relationship Management)**

기업이 고객을 관리하는 것으로 고객의 가치와 고객의 만족을 최우선으로 하여 기업의 수익을 높이는 데 중점을 둔다. 신규고객 발굴과 고객의 유지 그리고 충성도 높은 고객으로 육성 관리를 통해 기업은 고객을 꾸준히 만족시키기 위해 노력하고 있다.

공연홍보마케팅 **매뉴얼** A to Z

Chapter 11

공연마케팅의 관객조사와 STP 전략

1. 마케팅 철학에 따른 공연마케팅 | 2. 관객조사 및 분석
3. 시장세분화 | 4. 타깃시장 선택
5. 포지셔닝 | 6. 마케팅믹스

1. 마케팅 철학에 따른 공연마케팅

1) 상품지향적 마케팅

좋은 상품에는 자연스레 고객이 찾는다는 생각이다. 좋은 공연예술 작품은 관객들이 그 가치를 알아보고 입장권을 구입할 것이라고 생각하게 되는데, 일반적으로 예술가들이나 기획자는 작품을 제작하는 초기부터 강한 신념을 가지고 임한다.

2) 판매지향적 마케팅

소비자들이 상품을 구매하도록 설득하여 수많은 상품 중 우리 상품을 사도록 하는 것이다. 판매지향적 마케팅에서는 고객이 원하는 상품을 찾아내기 위한 기획이 꼭 필요하다. 소비자들을 파악한 후 상품개발에 반영하고 가격책정 및 유통방법을 정해서 마케팅을 진행한다. 공연예술 작품의 관객을 파악한 후 작품제작부터 홍보마케팅까지 염두에 둔다.

3) 고객지향적 마케팅

마케팅전략이 다양해지면서 소비자들에게 다양한 상품과 서비스가 제공되고, 소비자들은 점차 까다롭게 변화하고 있다. 종전에는 상품 판매를 위해 소비자들을 설득하였지만 시간이 지남에 따라 까다로운 소비자들은 이에 반응하지 않는다는 것을 알게 되었다. 그래서 소비자들의 성향과 선호를 파악하기 위해 분석하고 이를 바탕으로 상품을 기획하게 되는데 공연예술에서도 이와 같은 영향을 받게 된다. 공연예술의 관객들을 분석하고 이를 바탕으로 홍보마케팅에 적극적으로 반영하여야 한다는 것이다. 그러나 관객만족이 작품제작의 목표로 오해되어서는 안 된다. 하지만 공연마케팅에서는 지인추천이 관람권구매에 영향력이 있기 때문에 마케팅 효과를 극대화시키기 위해서는 관객을 파악하고 분석할 필요가 있고 관객만족도는 마케팅에 영향을 미치게 된다.

고객지향적 마케팅을 위해서 명확히 해야 할 사항들

- 관객은 우리 작품에 만족하는가?
- 우리의 관객은 누구인가?
- 우리의 관객은 무엇을 원하는가?
- 우리의 잠재관객은 누구인가?

관객들이 공연장에 직접 와서 공연을 보는 이유는 '가치' 때문이다. 예전에 공연을 경험한 적이 있거나 문화예술 교육을 받은 적이 있는 경우 공연장에서 공연을 관람하는 것에 보다 적극적이다. 그렇기 때문에 관람료 가격에는 그다지 민감하지 않다.

공연홍보마케팅 담당자들의 흔한 실수

- 모든 사람들이 우리가 기획한 공연을 재미있어 하고 관심을 가진다고 생각한다.
- 관객조사와 분석을 중요하게 생각하지 않는다.
  특히, 공연날짜, 시간, 타깃관객 등에 대한 종합적인 분석을 하지 않는다.
- 관객의 반응보다는 작품에 대해서만 홍보하려고 한다.
- 관객이 예상보다 적게 와서 예측이 빗나갔을 때 핑계, 변명만 한다.
- 경쟁단체나 경쟁작품에 대해서 잘 파악하지 못하고 있다.
- 공연단체나 작품의 미션과 비전(장기적 방향)에 대해서 잘 파악하지 못하고 있다.

하지만 처음 접하는 장르나 공연을 보기 위해서는 공연내용, 출연자, 관람료, 할인, 관객들의 반응, 공연장 위치, 대중교통 혹은 주차장, 소요시간 등을 찾아보고 구매를 결정하게 된다. 그렇기 때문에 공연에 대한 구체적인 정보를 제공할 필요가 있다.

2. 관객조사 및 분석

마케팅의 기본이 제품을 구매할 고객에 대한 이해라면 공연마케팅의 기본 역시 관객에 대한 이해다. 하지만 많은 공연마케팅 담당자들은 쉽게 관객조사의 중요성을 잊은채 마케팅 기획을 한다. 막상 설문조사 등의 방법을 통해 실제관객들을 조사하고 나서야 평소 생각과는 전혀 다른 결과를 확인하고 당황할 때가 있다. 관객조사의 가장 중요한 이유는 관람권 구매가 가능한 잠재관객에게 마케팅의 역량과 자원을 집중하기 위해서다. 그렇기 때문에 관객들이 어떻게 구성되어 있고 이들이 무엇을 원하는가에 대한 객관적 자료의 중요성을 강조할 수밖에 없다. 나아가 관객들이 원하는 예술작품을 만들도록 하는 이유가 될 수도 있다. 마케팅지향적인 조직일수록 관객조사를 정기적으로 실천하면서 이를 적극적으로 활용한다.

공연홍보마케팅의 주된 목적은 관객이 관람권을 구매해서 공연장으로 오게 하는 것이다. 공연제작비와 고정비용은 지속적으로 상승하지만 정부와 기업의 지원은 한정적이거나 줄어들고 있기 때문에 지속적이고 안정적인 수입은 일반관객을 통한 관람권 판매에서 나온다. 하지만 혼자 사는 인구가 많아지고, 예술활동에 대한 선호나 기호가 다양해짐에 따라 여가활동을 위한 시장도 폭발적으로 성장하고 있다. 특히 엔터테인먼트산업이 발달하면서 관객들은 자신이 꼭 가보고 싶은 공연만 지출을 하는 쏠림 현상을 보이기 때문에 관객을 통한 관람료 수입은 불안정해지고 있는 상황이기도 하다. 공연장이나 단체들은 빠르게 변하고 있는 관객들의 성향을 파악하고 한정적인 재원과 인력으로 충성도 높은 관객을 확보해서 관람료 수입을 올리기 위한 최선의 노력을 기울여야 한다.

많은 공연홍보마케팅 담당자들은 관객이 홍보마케팅전략의 중심이라고는 하지만 실제 홍보마케팅전략을 수립하고 실행했을 때는 관객보다는 공연단체 중심으로 전략을 실행하고 있는 경우가 많다. 특히 홍보문구에서 관객들이 이해할 수 없는 공연예술 전문용어를 쓰면서 공연작품에 대해 소개하기도 한다. 그리고 관객조사를 제대로 실행하지 않는다. 인터넷이 발달하면서 관객들은 많은 정보를 접하면서 공연을 선택하는 기준이 점차 까다로워지고 다양해지고 있기 때문에 더욱 관객에 대한 분석과 조사가 필요하다. 마케팅조사를 하지 않게 되면 관객들의 마음을 파악하기 어렵고 제대로 된 효과를 얻기도 어렵다.

관객조사에서 가장 중요한 내용은 인구통계적인 요소에 기초한 객관적 정보다. 나이, 성별, 거주지, 직업, 교육수준, 가구소득 등에 관한 정보를 파악해야 한다. 또한 가족구성, 라이프스타일, 다른 예술에 대한 참여 빈도, 마케팅 대상이 되는 공연의 인지도와 선호도 등을 조사하면 마케팅전략 수립에 유용한 정보가 된다. 인지도조사 시에는 어떤 경로를 통해 인지하게 되었는지도 함께 파악하면 좋고 선호도 역시 호감이나 비호감의 이유도 알아야 한다.

관객조사의 유의점은 조사대상의 선택이다. 정기회원 등 충성관객일수록 조사 참여도가 높고 관리하기가 쉽지만, 이들이 전체 잠재관객을 대변하는 표본치는 아니라는 것을 잊지 말아야 한다. 신뢰할만한 조사대상을 확보하지 못하면 그 결과의 오류로 인해 마케팅에 활용을 하지 못한다. 관객조사 항목을 구성할 때는 SPSS나 SAS 등의 통계패키지 프로그램을 활용한 분석을 염두에 두고 설문내용과 항목을 작성한다.

1) 관객조사 방법

● 설문조사

가장 간단하면서 가장 도움이 되는 객관적 통계 파악이 가능하다. 설문지에 부담을 느끼지 않도록 되도록 간단하게 작성하며 질문 자체도 바로 이해가 가능하도록 간단명료하게 만든다. 설문조사는 보통 공연관람 전후, 휴식시간에 진행하며 대부분의 관객들은 귀찮아 하기 때문에 공연 프로그램이나 음료수 쿠폰, 할인관람권, 포스터, 볼펜 등 설문조사 참여자 대상으로 사은품을 증정하는 방법도 좋다. 필기구를 함께 배포해서 기념품으로 갖도록 하고 설문조사를 유도하는 것도 좋다. 더 간편하게는 구글폼을 통한 문자 배포, 이메일 활용도 가능하다. 이럴 경우에는 전화번호를 제공한 정보제공자의 동의가 가능한 사람들을 대상으로 배포

조사내용

- 관객들은 공연에 대해 만족하는지
- 공연제목과 공연이 잘 연결되는지
- 관객의 연령대는 어떻게 되는지
- 관객들은 어느 지역에 거주하거나 근무하는지
- 관람료는 적정한지
- 어떤 홍보매체를 통해 우리 공연을 알게 되었는지
- 홍보문구는 이해하기 쉬웠는지
- 공연정보제공에 불편한 점은 없었는지
- 예매할 때 불편한 점은 없었는지
- 누구랑 공연을 관람하는지
- 선호하는 좌석은 어디인지
- 공연장을 찾아오는데 문제가 없었는지
- 제공되는 서비스에는 만족하고 있는지 등

하고, 관련 분야 동호회 등의 공식적인 협조를 구해야 한다.

● 개인 인터뷰

설문조사의 경우 많은 표본을 확보한다는 장점이 있지만 개개인이 어떤 생각을 구체적으로 하고 있는지 파악하기는 힘들다. 이에 대한 대안으로 이메일, 전화, 대면 인터뷰를 통해 심도있는 질문이 가능하다. 하지만 이메일 인터뷰의 경우에는 인터뷰를 하는 사람과 인터뷰를 받는 사람 간의 상호 커뮤니케이션의 한계가 있다. 이를 보완하는 방법이 전화 인터뷰다. 추가 질문이 가능하고 심층적인 답변 유도가 가능하지만 동시에 부담감이 클 수 있으므로 반드시 사전에 양해를 구해야 한다. 대면 인터뷰는 이메일이나 전화 인터뷰의 한계를 극복하는 방법이지만 시간과 비용이 많이 든다. 인터뷰를 통한 관객조사를 할 때는 각 인터뷰 대상에게 공통적으로 질문할 항목을 사전에 작성한 후 질문서를 미리 보내는 것도 좋은 방법이다. 인터뷰 후에는 각 항목별로 유의미한 자료는 정리해두어야 한다.

● **포커스그룹 인터뷰**

일정한 집단을 대표하는 사람들을 선정해서 한 자리에 모은 후 구체적인 질문이나 토론 주제를 제시해서 이들이 여러 의견을 서로 이야기할 수 있는 자리를 마련하는 것이다. 설문조사와 개인 인터뷰의 중간 형태이며 간담회 혹은 자문위원회라는 명칭의 의견수렴 방법 역시 포커스그룹 인터뷰 형태라 할 수 있다. 여러 명의 의견이 교환되는 자리인 만큼 해당 주제에 대해 잘 알고 있거나 책임자급의 사회자를 두고 솔직한 의견을 털어놓을 수 있도록 유도한다.

과거 마케팅원론에서 이런 소비자분석, 즉 이 책에서 우리의 타깃인 관객분석은 가장 필수적이고도 중요한 부분이었다. 소비자가 필요로 하는 상품을 만들어야 팔리기 때문이다. 하지만 이런 소비자분석도 큰 변화를 맞고 있다. 새로운 소비주체로 떠오른 90년대생들에게는 이런 전통적인 조사기법을 통한 신뢰도가 떨어지고 있다는 점이다. 새로운 대안은 '관찰조사'다. 즉 소비자들에게 질문을 하는 대신 그들의 행동을 관찰하는 것이다. 설문조사나 포커스그룹 인터뷰를 통한 질문에 대한 답은 관객들의 인식만을 파악하는 반면 관찰조사를 통해 소비자행동을 파악할 수 있어서 보다 능동적으로 원하는 답을 찾을 수 있다. 홍보마케팅 담당자는 책상에 앉아 기획을 하는 대신 공연장 현장 곳곳에서 관객들을 관찰하면서 보다 넓은 인사이트를 얻을 수 있다. 매표소에서 관객들이 어떤 점을 불편해 하는지, 공연장 로비에서 대기장소나 식음료에 대한 불만은 없는지 직접 관객들을 관찰해보고 현장에서 그들의 소리를 들으면서 적극적으로 개선방안을 찾는 것이다.

2) 빅데이터

디지털 환경의 발달로 생성되는 정보가 많아지면서 빅데이터(big data)의 중요성이 부각되고 있다. 빅데이터의 분석은 공공분야까지 확장되어 다양한 분야에 영향을 미친다. 인터넷 발달로 PC와 모바일 이용이 생활의 중심이 되면서 개인들의 데이터는 폭발적으로 증가하고 있다. 인터넷 쇼핑, 검색어, 고객댓글 등에서 생성되는 빅데이터를 분석하여 즉각적 대처를 하고 더 나아가 소비를 예측하고 새로운 상품을 개발하는데 적극적으로 사용되는 추세다. 따라서 공연예술에서도 빅데이터를 활용하여 관객들에 대해 파악하고 앞으로의 행동을 예측하면서 공연홍보마케팅의 새로운 패러다임을 구축할 수 있는 방법을 모색해야 한다. 궁극적으로는 공연예술단체의 경쟁력을 갖출 수 있다. 일반적으로 공연마케팅 분야의 빅데이터를 확보하는 분야는 신용카드사, 예매대행사 등이 해당된다.

3) 새로운 관객의 등장

● **액티브시니어(active senior)**

일반적으로 50세 중반 이후부터 60대까지를 지칭하는 의미로, 기존 직장에서 은퇴를 하여 자기계발에 아낌없는 투자를 하고 여가활동을 적극적으로 즐기며 살고 있다. 여행, 공연관람, 외국어, 인문학, 운동 등 새로운 문화소비자로 급등하고 있다. 우리나라에서는 베이비붐 세대가 지금의 액티브시니어 세대로, 인구분포가 가장 많다.

● **식스 포켓(six pocket)**

저출산으로 한두 명의 아이가 전부인 요즘, 아이를 위해 부모와 친조부모, 외조부모 등 6명의 어른들이 그들의 지갑을 아낌없이 열어 소비를 한다는 것으로 1990년대 일본에서 등장한 용어이다. 액티브시니어인 조부모의 손자손녀 그리고 결혼을 하지 않고 사회활동을 하고 있는 이모, 고모 그리고 삼촌이 조카들을 위해 지갑을 열면서 새로운 소비시장이 형성되고 있다.

3. 시장세분화

시장을 비슷한 속성을 가진 작은 단위로 나누어가는 것을 시장세분화라고 한다. 인구통계 기준인 나이, 성별, 거주지, 교육수준, 소득수준을 통해 나눌 수도 있고 그 밖에 소비행태, 특정 예술상품에 대한 관심이나 견해, 사회계층, 가족구성, 라이프스타일, 특정 동호회 가입 여부 등의 단위로도 세분화가 가능하다. 시장세분화는 한정된 인력과 시간, 그리고 재원을 가장 관람권 구매 잠재력이 높을 것으로 예상되는 세분시장에 집중하여 그 효과를 극대화하기 위함이다.

1) 시장세분화 유의점

- **상호배제성**: 각 세분시장이 다른 세분시장과 겹치지 않아야 한다.
- **포괄성**: 모든 잠재 타깃관객이 세분시장 중 하나에 반드시 속해야 한다.
- **측정가능성**: 마케팅 담당자가 각 세분시장별 규모, 구매력, 구성의 특성 등을 쉽게 측정할 수 있어야 한다.
- **실재성**: 각 세분시장이 시장으로서 접근할 수 있을 만큼 충분한 규모가 있어야 하며 그 특성을 유지해야 한다.
- **행동가능성**: 각 세분시장에 효과적으로 접근해 서비스를 제공할 수 있어야 한다.

2) 시장세분화의 기준

- **성별**: 우리나라 모든 예술시장은 남성보다 여성관객의 비중이 크다. 남성관객들은 마케팅 노력에 크게 좌우되지 않는 마니아이거나 여성관객의 의사결정에 따라 종속적인 행동을 나타내는 경우가 많다.
- **지리**: 주 활동지역은 잠재관객 여부 판단에 중요한 요소다. 이는 교통여건에 따라 달라지는데 물리적인 거리가 가깝더라도 교통여건이 불편하면 접근성

이 떨어진다.

- **미학적 관심**: 미학적으로 지식과 관심이 있는 소비자에게는 공연의 우수성을 설명하는 노력이 적게 든다. 이들에게 필요한 것은 시간, 장소 및 공연의 내용과 관련된 구체적인 정보다. 그러나 관심이 없는 관객이라면 상당한 노력을 들여 배경지식과 부연설명이 필요하다.
- **편익**: 어떤 관객은 공연의 명성이나 출연자, 연출자를 따지면서 예술상품의 질을 파악하고 어떤 관객은 관람권 가격을 주로 고민하기도 한다. 또한 공연과 직접적 관계가 없는 주차편의, 극장의 쾌적성, 주변 식당이나 카페 등의 외부 환경과 서비스에 관심을 가지기도 한다. 이들에 따라 세분화가 가능하다.
- **시기**: 12월 크리스마스, 발렌타인데이, 추석, 어버이날, 어린이날 같은 특정시즌에 공연을 관람하는 관객과 이런 시즌에 구애받지 않고 연중 보고 싶은 공연을 관람하는 관객으로 나눌 수 있다.
- **충성도**: 각 공연 장르마다 마니아 타깃이 있다. 이들을 별도 세분시장으로 분류가 가능하다.
- **준비도**: 예술상품에 대해 전혀 모르는 불인지 단계, 예술상품이 있다는 사실은 알고 있는 인지 단계, 언제 어디서 공연이 진행된다는 구체적 정보가 있는 정보보유 단계, 구체적으로 구매할 것을 고려하는 관심보유 단계, 적극적으로 구매의욕을 가지고 있는 구매의사보유단계, 실제로 구매하려는 구매희망단계로 구분해서 각각에 맞는 마케팅전략 강구가 가능하다.
- **관객 유형**: 애버크롬비(Abercrombie)와 롱허스트(Longhurst)는 예술을 향유하는 빈도, 수준, 몰입도, 행태 등을 바탕으로 예술소비자 집단을 다섯 가지 유형으로 구분했다. '소비자'는 체계적이지 않은 취향으로 가끔씩 즐기는 것에 만족하는 집단이므로 공연에 대한 정보가 담긴 프로그램을 제공하거나 동호회 활동을 권유할 수 있다. '애호가'는 스타와 프로그램에 초점을 맞추어 장르를 즐기는 집단이므로 스타 출연진과 만날 수 있는 기회를 제공하거나 전문강좌를 열어 참여를 유도할 수 있다. '열광자'는 전문적 잣대와 공통된 관심사로 커뮤니티를 형성하려는 집단이므로 프로그램 정기회원 가입이나 단체

관람 할인관람권을 제공하면서 지속적 관람을 격려한다. '마니아'는 자신이 좋아하는 장르에 몰입하여 조직적 행태를 보이는 집단이므로 관객 모니터 요원으로 참여하거나 포커스집단 인터뷰 대상자로도 활용할 수 있다. '소극적 생산자'는 스스로 작품을 만드는 데까지 이른 집단을 의미하므로 워크숍 공연에 참여기회를 제공하면 좋다.

4. 타깃시장 선택

시장세분화 뒤에는 타깃시장을 선택한다. 각각 공통의 속성을 가진 여러 세분시장별로 마케팅 측면에서 장·단점을 분석한 뒤 가장 적정한 세분시장을 선택해 타깃으로 삼는다. 타깃시장이 제대로 설정되어야 포지셔닝 전략이 가능하고 각 타깃에 맞는 마케팅전략을 세우며 얼마나 많은 자원을 투입할지도 결정되는 만큼 중요한 단계다. 선택된 타깃시장별로 어떤 공연을 어떤 장소에서 제공할지, 가격, 홍보방법도 결정한다. 좀 더 폭넓은 지역과 연령, 소득수준과 교육수준의 타깃을 대상으로 세분화하면서 마케팅 확장의 가능성을 넓히는 방법도 있지만 무작정 그 범위를 확장할 수는 없다. 마케팅 자원은 한정되어 있기 때문이다.

타깃시장 선택 시 고려요소는 다음과 같다.

- **새로운 타깃시장 개발**: 한 번도 공연관람권을 구매한 경험이 없는 사람이 구매자가 될 수 있는지 고민한다. 관람권 가격이 10만 원을 상회하는 클래식 공연의 경우 정부지원이나 기업의 협찬으로 낮은 가격대의 관람권 등급 판매가 가능해질 때 관람료 부담이 공연관람 첫 번째 장애요소였던 타깃을 포함하는 마케팅을 펼칠 수 있다.
- **타깃시장의 다양성 확대**: 같은 규모의 타깃시장이더라도 다양성이 확대될수록 중장기적 안정성과 성장가능성이 높아진다. 뮤지컬의 메인타깃은 20대 미혼 여성들이 대다수를 차지하지만 30대 후반의 커리어 우먼, 문화회식을 하는 30~40대 직장인 단체, 뮤지컬에 출연하는 스타에 관심이 있는 10대관객 등

으로 다양화할 수 있다.

- 현재 타깃시장 관객들의 심화: 더욱 적극적으로 공연을 구매하도록 다양한 참여기회와 정보를 제공한다. 클래식 공연 전에 연주곡 해설시간을 마련하여 기존관객 중 생소한 곡에 대한 부담이 있어 관람을 꺼리는 사람들의 참석욕구를 높인다
- 관객참여 기회 확대: 정기회원 등 재구매빈도가 높은 그룹을 선별해서 예술가와의 만남이나 백스테이지 투어 등 특별경험을 제공하여 충성도를 높인다.

5. 포지셔닝

포지셔닝이란 내가 판매할 공연이 타 공연들과 차별성을 가지고 인지되도록 하는 과정을 의미한다. 핵심은 인지화의 차별화다. 타깃시장이 설정되면 우선 잠재 관객들에게 공연을 인지시키고, 어떤 차별적 특성이 있는지 알려준다. 포지셔닝에 따라 구매행동에 큰 영향을 미치기 때문이다. 실제로 사람들의 구매행동 패턴을 분석하면 상품 자체의 본질적 가치보다는 개개인의 마음속에 자리잡고 있는 가치판단에 따라 좌우되기 때문이다. 수많은 공연들 가운데서 명확한 포지셔닝을 하기 위한 고유의 특성을 찾기란 쉽지 않다. 그 중 몇 가지 요소를 부각시켜 하나의 이미지를 전략적으로 형성해야 한다. 이런 포지셔닝의 결과 공연은 타깃시장 관객들에게 특정한 이미지로 각인된다. 따라서 포지셔닝은 공연의 본질적 특성과 더불어 인위적으로 만들어진 이미지가 결합하여 형성된다.

1) 이미지 측정

인지도와 호감도를 5점 척도법으로 나누어 측정한다.

인지도 측정

전혀 들은 적이 없다 – 들은 적이 있다 – 약간 알고 있다 – 많이 알고 있다 – 잘 알고 있다

호감도 측정

매우 싫다 – 약간 싫다 – 잘 모르겠다 – 약간 좋다 – 매우 좋다

예술상품의 특성 분석

공연의 질	수준 낮다	수준 높다
공연장 시설	낙후되었다	최신식이다
공연장 규모	작은 편이다	큰 편이다
공연 내용	대중지향적이다	마니아지향적이다

2) 포지셔닝 유형

새분시장 기준이 시장 자체를 쪼개서 서로 구분하기 위한 기준이라면, 포지셔닝 유형은 같은 시장 안에서 공연에 대해 어떤 이미지를 부여하여 어떻게 인지시키고 차별화할 것인지 보여준다.

- **기능적 특성**: 가장 고전적 포지셔닝. 상품 자체의 특성을 드러내는 방향으로 포지셔닝한다.
- **상징적 속성**: 공연에 새로운 상징 부여(현대 무용의 전설적인 존재, 피나 바우쉬 내한)
- **사용상황**: 부모님이나 귀빈 접대, 어린이날 자녀를 위해, 결혼기념일을 위한 관람권 구입 등
- **상품소비자 특성**: 공연의 특징으로 소비자가 형성(태교음악회)
- **경쟁상품**: 이미 잘 알려진 공연과 대비하여 특징 부각

6. 마케팅 믹스

1) 상품

마케팅 믹스(marketing mix)의 첫 번째 요소는 상품이다. 소비자들은 각자의 취향과 여건에 따라 특정 요소에 주목하여 상품을 소비한다. 공연마케팅에서 타깃이 되는 소비자가 핵심요소, 유형요소, 주변요소 중 어떤 것에 더 주목하는가를 파악하여 마케팅전략을 수립해야 한다. 공연의 경우 소비자 수요가 관람료 변화에는 민감하게 반응하지 않는 반면, 공연의 질적 변화에는 민감하게 반응한다.

- 핵심요소: 공연의 가장 본질적인 것을 결정한다. 클래식 공연을 기획할 경우 아무리 관람권 판매에 유리한 영향을 주더라도 뮤지컬 배우를 섭외하여 노래하는 무대를 추가할 수는 없다.
- 유형요소: 공연의 종류와 변형을 의미한다. 클래식 공연의 경우 어떤 작곡가의 어떤 곡을 프로그램에 포함할지를 결정한다.
- 주변요소: 공연 자체와 별개로 제공되는 기타 서비스적인 측면을 의미한다. (공연장 환경, 주차 서비스, 기념품 판매, 공연 전 식사여건, 분위기 등)

2) 상품의 발전주기

어떤 공연이든 시장에 등장해서 일정한 기간을 주기로 발전하며 성숙하다가 결국에는 쇠퇴하여 사라진다. 시장진입기-발전기-성숙기-쇠퇴기 4단계 과정의 생명주기를 거친다.

- 시장진입기: 공연이 처음 제작되어 소비자와 만나는 단계. 잠재소비자에게 인지시키는 것이 중요하다.
- 발전기: 공연이 잠재소비자들에게 점차 호응을 얻고 시장에서 소비되는 규모가 커지는 단계. 기존 타깃 외에 새로운 타깃관객으로 마케팅 대상을 확대하는 노력이 필요하다.

- **성숙기**: 시장규모는 더 이상 확대되지 않지만 지속적인 소비계층이 형성되어 안정적 규모의 매출이 발생하는 시기. 이미 타깃관객들에게 충분히 인지된 상태이기 때문에 마케팅 노력도 최소한으로 유지한다. 오히려 공연의 새로운 홍보이슈를 개발하면서 다양한 서비스를 더해 지속적인 관객유인책을 개발한다.
- **쇠퇴기**: 소비규모가 줄어들어 경쟁하는 다른 상품들에 비해 경쟁력이 떨어지고 점차 소비자들의 관심에서 멀어져 끝내 시장에서 사라지는 단계. 이때는 세 가지 전략이 있는데, 먼저 '지속' 전략이다. 공연의 핵심요소는 유지하면서 유형요소와 주변요소를 최대한 개선하여 종래의 시장을 유지한다. 공연 자체의 잠재적 발전가능성이 크거나 시장에 존재해야 할 의의가 있을 경우 도입할 만하다. 다음은 '집중' 전략이다. 종래 시장 전체에 대한 미련을 버리고 판매가 확실한 일부만 집중적으로 공략한다. 당연히 매출규모는 줄어들지만 공연이 사라지지는 않고 한정된 타깃을 대상으로 지속적인 판매수준을 유지한다. '회수' 전략도 고려한다. 판매를 감소시켜 공연을 퇴출시키는 것이다. 갑작스럽게 공연 중단을 결정하는 것은 쉽지 않기 때문에 자연스러운 기회를 마련하거나 새로운 대체상품을 제작해서 서서히 교체되도록 전략을 짜도록 한다.

공연 **홍보마케팅 이슈**

세대별 특징

시기	국가	1920	1940	1960	1980	2000 2010
세대별 시기	미국	1925~1945	1946~1964	1965~1978	1979~1995	1996~2010
세대구분	미국	침묵세대	베이비붐 세대	X세대	Y세대 밀레니엄세대	Z세대
주요사건	미국	• 대공황 • 제2차 세계대전	• 베트남 전쟁 • 우드스탁	• AIDS 확산 • 걸프전	• 9·11테러 • 소셜미디어 • 비디오게임	• 경기침체 • 흑인대통령 • 동성결혼합법화
세대별 시기	한국	1920~1954	1955~1969	1970~1983	1984~1996	1997~2010
세대구분	한국	묻지마라세대	베이비붐 세대	X세대	Y세대 밀레니엄세대	Z세대
주요사건 및 특징	한국	• 일제강점기 • 한국전쟁 • 민주혁명 • 베트남파병	• 경제성장 • 도시화 • 군부독재 • 민주화	• 개인주의 • 삐삐 • 워크맨 • 컬러TV	• 청년실업 • YOLO • 워라밸 • 스마트폰 • 태블릿	• 다양성 중시 • 유튜브 • 스마트폰

Chapter 12

공연관람료 및 할인정책

공연마케팅에서 가장 중요한 과정은 관람료 결정과 할인정책 관리다. 일반적으로 공연의 성공 여부를 말할 때 관람권이 얼마나 팔렸는지가 기준이 되기 때문이다. 예술작품의 수준을 평가하는 것은 수치화하기도 어렵고 개인마다 성향도 다르기 때문에 측정이 어렵지만 관람권 판매량은 정확하고 객관화된 수치측정이 가능하다. '예술작품이 얼마나 수준이 있는가'와 '수익의 극대화를 위한 마케팅적 접근'의 양립의 문제는 언제나 존재한다. 누군가에게 높은 수준의 공연이 흥행에 실패할 때도 있고, 또 작품성은 수준에 미치지 못하지만 대중적으로 흥행에 성공하는 공연도 있기 때문이다.

하지만 관람권이 많이 팔렸다는 사실은 대중이 인정하는 가치를 전달하는 데 성공했다는 의미이기도 하다. 하지만 실제로 가격 책정 시에는 다른 방향도 고려해 볼 필요가 있다. 만약 어떤 공연관람권을 5만 원에 1,000장 판매하는 것과, 2만 5천원에 2,000장 판매하는 것은 총수익만 보면 5천만원으로 같다. 공연마케팅에서 성공을 평가하는 요소로 단순히 총수익뿐만 아니라 관객의 규모도 있기 때문에 총수익이 같을 경우 후자처럼 2,000명 관객입장이 더 성공적인 결과로 판단할 수 있기 때문이다.

관객은 공연의 가치를 판단하여 관람료 지불 여부를 결정한다. 관객에게는 관람료가 유일한 장애요소가 아니고 관객들에게는 돈을 주고 살 만한 가치가 있는지가 중요한 결정요소다. 그렇기 때문에 공연을 보지 않는 사람들에게 공연관람을 하지 않는 이유를 물었을 경우 대부분 장애요소로 비싼 관람료를 꼽게 되는데, 만약 공연관람 경험 후 만족도가 생겨나고 그 가치를 알게 된다면 관람료를 지불할 의사가 생기게 된다.

1. 유료와 무료좌석

공연좌석은 크게 유료좌석과 무료좌석(초대좌석)으로 나뉜다. 과거에는 정확한 초대권 정책 없이 당일 비어 있는 좌석을 초대권으로 채우는 분위기였지만 공연장이나 공연단체에서 '초대권 없애기'를 하고 있다. 또한 김영란법'(부정청탁 및 금품 등 수수의 금지에 관한 법률) 여파로 공연계 '초대권'이 사라지고 있다. 공연계에 따르면 문화예술계는 그동안 홍보 등을 목적으로 초대권을 발행해 왔으나 김영란법 시행 이후 초대권 문화가 사라지고 있는 것으로 나타났다.

하지만 대형공연이나 인지도가 있는 공연이 아닐 경우 '초대권' 발매를 고려하지 않을 수 없다. 공연의 특성상 객석에 관객이 많지 않을 경우 공연의 분위기와 배우들의 사기에도 영향이 있기 때문에 적절한 초대권 발매를 선택할 수밖에 없다. 다만 초대권 발매 시에는 공연의 입소문에 영향을 미칠 수 있는 주요 관계자, 기자, 그리고 이번의 공연 경험으로 인해 다음 공연에 유료관객으로 전환할 수 있는 잠재관객 개발을 위해서 사용한다거나, 초대권 배포의 정확한 타깃을 정하고

알아두면 유용한 **홍보마케팅 용어**

● **초대교환권**

교환권에는 좌석을 지정하지 않고, 공연 제목이나 일시, 장소, 홍보문구 등을 넣어서 인쇄를 한다. 초대교환권을 지참하고 온 관객들은 당일 매표소에서 좌석권으로 받을 수 있다. 초대교환권은 보통 2매를 전단과 봉투에 넣어서 배포 및 발송하게 되는데, 초대교환권 배포 및 발송대상자는 리스트로 만들어서 관리하는 것이 좋다. 보통 초대교환권 회수율이 저조할 것으로 보고 극장의 좌석보다 더 많이 배포하게 되는데, 만약 예상보다 극장 방문 관객이 많아 해당일에 좌석 안내가 어려울 경우에는 관객의 컴플레인에 적절히 대응하고 다음 방문 시 가장 좋은 좌석으로 초대하거나, 공연의 굿즈 제공 등 최대한 관객 편의를 제공해야 한다.

● **초대권**

초대권은 공연 제작에 도움을 주거나 공연 평가에 도움을 줄 수 있는 분들, 주요 관계자 등을 초대하기 위해 배포한다. 초대교환권과 달리 좌석이 지정되어 있어서 매표소에서 번거롭게 좌석권으로 교환하지 않아도 된다. 브통 극장에서 가장 좋은 자리를 확보하여 발행한다.

관리하는 것이 좋다. 대중들에게 잘 알려져 있고 인기가 있는 공연일수록 초대교환권이 배포되면 실제로 극장 방문으로 이어지는 회수율도 높지만 그렇지 않은 경우는 회수율도 낮은 편이다. 보통 초대교환권은 초대좌석의 1.5배를 배포하는데 상황에 따라 조절할 필요가 있다.

공연예매가 시작되면 홍보마케팅 담당자는 매일 관람권 판매 상황을 살펴보고 환불요청 시 그 이유는 무엇인지 파악하면서 문제점에 바로 대응 할 준비를 한다. 매진이 되면 홍보마케팅전략을 추가로 진행하지 않아도 되지만, 만약 예매가 예상보다 부진할 경우에는 이미 공개된 티켓 사이트 할인정책 외에 기업체 및 단체 입장권 판매를 위한 할인율을 조정한다거나, 추가로 기획기사를 개발하여 언론홍보를 하고, 예산범위 내에서 주요 타깃에 도달할 수 있는 광고 진행도 생각해야 한다.

2019 국민문화예술활동조사에 따르면, 일반인들이 공연을 포함한 예술행사에 참여하기 어려운 이유 중 2위가 '비용이 많이 든다(24.5%)'는 것이다. 즉 관람료가 비싸서 참여가 어렵다고 답하는데, 반면 미국의 한 연구에 따르면 유료공연 관객들은 관람료가 공연의 관람을 방해하는 요인으로 크게 작용하지 않고 할인도 영향을 미치지 않는다는 결과가 나왔다. 이런 조사결과를 바탕으로 분석해보면 공연관람에 관심이 없는 사람들은 관람료가 낮아도 큰 폭의 할인이 된다하더라도 공연장으로 발걸음을 옮기지 않는다. 관객들은 그 돈을 낼만한 충분한 가치가 있다고 판단되면 돈을 지불할 의사가 있다는 것이다. 즉, 관객이 관람권 구입에 돈을 지불할 충분한 '가치'가 있다고 판단하게 도움을 주는 것이 바로 홍보와 마케팅이다.

공연관람료는 그 가격이 비싸다고 다른 대안의 공연이나 상품을 찾지 않는 독자적인 상품이다, 물론 뮤지컬 마니아라면 같은 시기에 올려지는 뮤지컬을 비교해보고 좀 더 저렴한 공연을 찾아볼 수도 있겠지만, 하나의 공연은 대체제가 없는 상품으로서 만약 내가 보고자 하는 공연이 있다면 가격에 구애받지 않고 선택할 수밖에 없다. 그렇기 때문에 공연 마니아에게는 할인율도 크게 영향을 미치지 않는다.

미국에서 관객들의 관람권 구매 행태에 대한 조사를 진행했는데, 구매하고자 하는 중간 가격의 좌석이 매진이 되었을 때 관객들은 어떤 선택을 하는지를 질문했다. 이럴 경우 더 높은 가격의 좌석을 구입하는지, 아니면 더 낮은 가격의 좌석을 구입하는지 조사한 결과 관객들은 더 높은 가격의 좌석을 선호한다는 조사결과를 볼 수 있다.

이렇게 공연관람료의 가치는 '적극적으로 공연을 관람하고자 하는 사람'과 '공연의 경험이 없는 사람'에게는 전혀 다르게 나타난다. 어떤 공연을 보기로 결심한 사람은 좌석등급 구분에서도 가장 좋은 좌석에 비싼 가격을 지불하고라도 즐기고자 하는 용의가 있는 반면, 공연의 가치를 경험해보지 않은 사람들에는 관람료가 가장 큰 장애요소가 되는 것이다.

2. 관람료 책정방법

관람료 책정의 가장 기본은 공연의 총제작비 대비 전체 좌석수를 파악하는 것이다. 공연이 올려지는 일자와 공연장의 좌석배치도상 가용가능한 좌석수를 계산하면 홍보마케팅 담당자로서 유치해야 할 관객수를 알 수 있다. 이렇게 총제작비 대비 전체 좌석수를 공연의 손익분기점(BEP: Break-even point)이라 하고, 이에 따라 관람료, 좌석등급, 할인정책 등이 세워지게 된다.

BEP(break-even point)는 일정기간 수익과 비용이 같아서 이익도 손해도 생기지 않는 경우의 매출액으로 손익분기점이라고 한다. 상품에 투입된 비용을 회수할 수 있는 매출액이 얼마인가를 나타내는 분기점이다. 매출액이 손익분기점 이하인 경우에는 손실을, 그 이상인 경우에는 이익을 나타낸다.

1) 비용중심 가격책정

가장 기본적인 가격책정은 소요된 비용, 즉 원가에 일정한 이윤을 덧붙이는 방법이다. 기업에서는 이윤추구가 가장 큰 목표이기 때문에 다양한 가격책정 방법이 있지만 예술현장에서는 소요비용만 고려해 가격을 책정하는 경우는 드물다. 비용과 더불어 시장에서 수요나 경쟁상품의 가격 등 다른 요소의 영향을 더 크게 받기 때문이다.

비용중심 가격책정은 스타캐스팅을 할 때 드러난다. 대중에게 인지도가 높은 스타를 캐스팅하면 마케팅 측면에서는 당연히 효과를 기대하게 되지만 비싼 개런티는 제작비 상승의 큰 요인이 된다. 결과적으로 관람료는 상향조정될 수밖에 없다.

2) 수요중심 가격책정

비용중심 가격책정과는 반대로 수요에 따라 가격을 책정한다. 해외 유명공연의 한국초청으로 관람 희귀성이 높다거나 마니아층이 폭넓게 형성된 공연의 경우 소요된 비용과 상관없이 수요에 대응하여 가격을 책정할 수도 있다. 시장가격은 결국 공급과 수요곡선에 따라 움직이며 한정상품에 수요가 많을 경우 가격이 높아지고, 반대로 수요가 없으면 당연히 가격이 내려가기 때문이다.

같은 공연이더라도 좌석에 따라 수요가 달라질 수도 있다. 좌석등급 분류를 통해 가격차별화 정책을 마련한다. 이럴 경우 가장 고가의 좌석과 가장 저가의 좌석이 가장 먼저 판매되는 것이 일반적인데, 공연장과 공연내용에 따라 관객들이 선호하는 좌석위치가 달라지기도 한다. 이처럼 수요중심 가격책정 시 고려할 사항은 과시용 소비수요가 있다는 점이다. 해외 유명공연 내한 시 유독 최고가의 관람권만 선호하는 현상이 두드러지게 나타나는데, 이처럼 비싼 관람권이 잘 팔리는 현상에 따라 불필요하게 최고가 관람료가 너무 높아지거나 전체 객석 중 VIP좌석이 기형적으로 많아지는 일이 일어나기도 한다.

3) 경쟁중심 가격정책

상품의 가격은 공급과 수요에 따라 형성되는 것이 기본이다. 하지만 동일한 시장에서 그 상품과 경쟁하는 다른 상품이 존재할 경우 소비자는 비교를 하게 되고 보다 저렴한 상품을 사려고 할 것이다. 그래서 불가피하게 경쟁상품의 가격을 고려하게 되고 이를 경쟁중심 가격정책이라고 한다.

다만 중요한 것은 경쟁공연의 가격을 고려하는 것이지 반드시 경쟁공연과 비슷한 수준의 가격대를 책정해야 하는 것은 아니다. 처음 초연을 올리는 작품의 경우에는 의도적으로 비슷한 공연들보다 관람료를 낮추어 관객들이 구매할 수 있도록 유도하는 방법도 있다. 또한 공연 자체가 특별한 차별점을 갖고 있다면 이를 이용해 가격을 더 높이는 전략도 취할 수 있다.

4) 국공립 문화공간과 공연단체의 가격책정

국공립 문화공간이나 공연단체의 경우에는 세금이 사용되기 때문에 높은 입장료 가격에 대한 거부감이 클 수 있다. 비슷한 경쟁공연에 비해 가격을 낮게 책정하거나 심지어 무료로 제공하기도 한다. 이런 이유로 만성 적자에 시달리기도 한다. 또한 관람권 판매 수익극대화보다는 얼마나 많은 관객들이 이 공연을 향유했는지가 중요한 척도가 된다. 즉 이윤극대화보다는 객석점유율이 더 유의미한 결과가 된다.

5) 소비자 체감 가격에 대한 고려

관람료를 책정하는 마케팅 담당자와 관람권을 구매하는 관객입장은 큰 차이가 있을 수밖에 없다. 담당자는 단순히 관람료를 책정하지만 관객은 교통비, 주차비, 외식비 등을 추가로 지출하고 이에 따르는 여러 수고로움도 해결해야 하기 때문이다. 공연을 관람하기로 결심한 관객들은 친구나 연인 혹은 가족과 함께 관람한다. 대부분 특별한 날을 기념하기 위해 공연장에 찾는 경우가 많기 때문에 2

그 외 관람료 책정에 고려해야 할 사항

- 좌석등급(관람료 등급 VIP. R. S 등)
- 관람료범위
- 좌석등급 간 가격격차
- 좌석등급별 좌석수
- 등급별 좌석배치

장 이상의 관람권을 구입한다. 이럴 경우 관람료 외에도 추가비용이 발생하게 된다. 교통비, 공연관람 전 저녁식사, 공연장에서 구입하는 프로그램북, 인터미션(intermission)의 간식, 공연 후 티타임 등이 발생하고, 공연장까지 찾는 시간도 투자한다고 볼 수 있다. 보통 공연관람료에 따라 다르지만 추가비용은 관람료의 2~3배가 발생하게 되고, 평균 6시간 정도를 소요하게 되는데 이렇게 비용과 시간투자 대비 기대할만한 가치를 얻지 못할 경우 다시는 공연을 보는 노력을 기울이지 않게 될 수도 있다.

6) 환경적 요인

공연은 공연의 개최시기에 따라 영향을 받게 된다. 사회, 경제, 정치환경에 따라 공연의 성패가 갈리는 경우도 있고, 공연이 취소될 수도 있는 특징이 있다. 따라서 공연이 직접 개최되는 시기의 환경에 따라 할인정책이나 관람료의 범위 그리고 관람권의 종류를 결정할 필요가 있다.

3. 할인정책

관람료 할인은 가장 쉽게 결정하는 마케팅 요소이지만 이에 따르는 여러 가지 부작용도 생각을 해야 한다. 만약에 공연이 시작되기 일주일 전 공연관람권 판매가 저조하다면 어떻게 해야 할까? 판매되지 않은 좌석은 공석으로 사라져버리고 객석이 비워져 있으면 공연자들의 사기도 떨어지기 때문에 고민이 될수 밖에 없다. 그렇다면 마케팅 담당자는 ① 파격적인 할인이벤트를 진행하거나 ② 초대권을 추가로 더 배포하여 잔여좌석을 채우는 방법을 선택할 것이다. 하지만 어떤 것이 앞으로의 공연을 위해 현명한 선택일까? 기획과 홍보마케팅 담당자는 공연을 올릴 때마다 힘든 결정을 내려야 한다.

만약 갑자기 파격적인 할인으로 판매를 하게 된다면 이전에 고가로 입장권을 산 관객들의 항의를 받게 될 수도 있고, 할인혜택이 처음에는 특별하다고 느낄 수 있지만 이런 일이 반복될 경우 관객들은 이런 할인정책이나 관람료를 기억해 두었다가 추후에라도 정가로 관람권을 구매하는 것을 어리석은 소비라고 생각할 수도 있다. 단발성 할인혜택이 당장의 관람권 판매 회복을 위해 도움이 되더라도 장기적으로는 관람권 판매에 부정적인 영향을 미칠 수도 있기 때문에 마케팅 담당자는 이를 신중하게 판매해야 한다.

공연이 임박한 할인이나 무료좌석 배포가 반복적일 경우 관객들은 당연히 이를 인지하게 된다. 이는 공연 관람료에 대한 신뢰가 깨지게 하며, 더 나아가 공연작품에 대한 가치도 하락시키게 한다. 따라서 할인정책은 마케팅 기획 시 관람권 판매 저조에 대한 예상대비책 차원에서 추가 할인전략 및 공동마케팅(co-marketing) 차원에서 할인정책을 세우는 등 미리 계획을 세워야 한다. 예를 들어 흔히 볼 수 있는 특정 카드 소지 시 할인율을 제공하는 혜택은 카드회사와 제휴하여 카드 사용 고객들에게 공연에 대한 할인공지를 하여 광고효과를 얻고 해당 카드로 결제 시에는 할인을 적용하여 카드사용의 매출을 높이게 하는 방법으로 윈-윈전략이 될 수 있다.

알아두면 유용한 **홍보마케팅 용어**

● **공동마케팅(co-marketing)**

2개 이상의 기업이 판매전략, 가격책정, 판촉 등의 마케팅 활동을 공동으로 협력하는 것을 의미한다. 제품명을 똑같이 사용하는 방식(joint marketing)과 제품명을 서로 다르게 사용하는 방식(parallel marketing)이 있다. 기업에서 공동마케팅을 도입하는 이유는 광고비를 절감할 수 있으며 가격경쟁을 방지할 수 있고, 시장정보 공유로, 빠른 시일 내에 시장 확대 성과를 이룰 수 있기 때문이다. 그러므로 공동마케팅은 협력회사 간 철저한 역할 분담과 상호 신뢰를 바탕으로 함이 중요하다. 과거 공동마케팅이 기업 간 제품마케팅에 주로 활용되었다면 4차 산업혁명시대에는 기업과 문화예술이 접목하는 컬래버레이션마케팅이 더욱 활발해질 것이다.

1) 입장료가격 할인의 유형

- **특정 대상 할인**: 청소년과 65세 이상 노인 등 특정 연령층에 대한 할인이 가장 보편적이다. 그 외 실업급여를 받고 있는 구직자, 협찬을 제공받은 기업의 직원에게 제공하는 할인 등도 이에 속할 수 있다.
- **기간, 요일, 시간대별 할인**: 월드컵, 올림픽 등 국가적인 행사나 명절의 경우 입장료 판매는 저조해진다. 이러한 시기에는 관람권을 할인하여 일정한 관객수준을 유지하는 것이 좋다. 특히 공연의 경우 요일별로 관객수가 현저하게 다른데 당연히 주말에 관객이 쏠리게 되고 평일 공연의 경우에도 판매추이에 따라 요일별로 할인율에 차등을 두는 것이 좋다. 낮공연의 경우 마티네 할인이 대표적이다.
- **러시티켓**: 공연당일까지 판매되지 않은 관람권을 할인판매하는 러시티켓(rush ticket)할인은 외국 공연장에서 가장 쉽게 구할 수 있는 할인티켓이다. 공연시작 1시간 전부터 50% 이상 할인된 금액에 관람권을 구매할 수 있다. 그러나 우리나라의 경우 인터넷을 통한 사전구매가 보편화되어 있기 때문에

공연당일 매표소에서 긴 줄을 이루어 기다리다가 러시티켓을 구매하는 경우는 많지 않다.

- **기브티켓**: 정부가 공연장이나 공연단체에서 미판매가 예상되는 관람권을 제공받아 특정 계층에게 50~80% 할인판매를 하는 것을 기브티켓이라고 한다. 2009년 도입된 이후 관람권을 제공하는 공연장이나 단체가 직접 판매상황에 따라 할인티켓 제공 여부와 수량을 자율적으로 판단하는 방식으로 운영되고 있다.
- **제휴마케팅에 따른 할인**: 특정 티켓구매 대행 사이트에 유료 멤버십을 갖고 있는 회원이나 특정 카드사 회원들에게 제공되는 할인혜택이다.
- **단체구매 할인**: 보통 20매 이상 단체구매를 하면 20~30% 할인혜택을 제공한다. 유치원이나 초중고학생들의 단체관람이 많고, 최근에는 문화회식이나 문화망년회 등 기업단체관람도 많아지고 있다. 또한 인터넷 동호회를 중심으로 하는 단관행사도 이에 속한다.
- **구매시점에 따른 할인**: 장기공연 시작 전에 사전홍보를 위해 관람권 판매 초기 사전구매 대상자들에게 할인혜택을 제공하다. 초반에 많은 관객을 확보하면 이후 입소문마케팅에도 도움이 된다. 프리뷰티켓도 이에 속하는데, 공연 완성도가 조금 떨어지는 프리뷰공연에 할인혜택을 제공하여 입소문을 기대한다. 하지만 공연이 기대보다 미치지 못할 경우 나쁜 입소문이 퍼질 수도 있다.
- **이벤트성 할인**: 화제를 모을 수 있는 프로모션 이벤트로 활용이 가능하다. 공연과 연관있는 이름이나 옷을 착용한 관객 또한 수능시험 후 수험표를 지참한 학생들에게 제공하는 할인혜택들이 여기에 속한다.

2) 관람료 할인제도 운영 시 유의사항

- **할인티켓 수량제한**: 무한정 제공보다는 수량을 한정해야 구매욕을 더 당길 수 있다.
- **가격할인보다는 다른 혜택 제공 고려**: 단체할인보다는 구매단체에 셔틀버스를

제공하거나 연출가와의 대화시간, 공연장 백스테이지 투어 제공 등 다른 유인책을 제공한다.

- **공연장 인근 편의시설과 연계 할인**: 인근 호텔이나 음식점과 연계하여 패키지 할인 서비스를 제공하면 관객은 단순한 관람료 할인보다 더 많은 것을 얻었다는 심리적 만족감을 얻을 수 있다.
- **멤버십 가격할인 혜택 제공**: 유료 연간회원이 되거나 시즌티켓 구입 등 일정한 멤버십으로 가입한 관객에게 추가 할인혜택을 제공한다.
- **외부 지원기관이나 협찬기업에 가격할인 제공**: 관람권 판매 부진 시 정기적으로 할인티켓을 제공하면 지속적인 관계형성에 유리하고 급할 경우 공연장 사석 관리에도 유용하다.
- **특정 계층 할인은 선택적으로 적용**: 일반판매만으로 관람권 판매가 잘 된다면 굳이 특정 계층 할인을 제공할 필요는 없다.
- **원 플러스 원**: 관람권 한 장을 구매하면 한 장은 50% 할인 제공으로 추가 관객을 확보한다.
- **타깃관객 대상 할인권 제공**: 관람권 판매 부진 시 타깃관객들에게 우편이나 이메일로 할인권을 제공한다.

4. 공연 시즌제와 시즌티켓

1) 공연 시즌제

공연단체나 공연장에서 공연마다 홍보와 마케팅을 새롭게 진행하는 것은 많은 에너지가 소요된다. 특히 다양한 공연을 진행하는 공연장의 경우, 예산의 절감과 미리 관객확보를 위해서 시즌제를 활용한 관람권 판매가 효과적인 방법으로 제시되고 있다.

레퍼토리 시즌은 사전에 연간 공연을 전체적인 작품을 기획하여 관객들에게 미리 관람계획을 세울 수 있도록 하는 것이다. 공연장이나 공연단체에서는 미리 관람권을 판매함으로써 재정을 확보할 수 있으며 안정적인 제작환경을 구축할 수 있고, 관객들은 할인된 패키지 티켓을 구입하여 저렴한 가격에 공연관람권을 살 수 있다. 시즌제는 실험적인 작품을 시도할 수 있는 환경이 마련되고, 사회·정치·경제적인 환경에 영향을 덜 받으며, 마케팅비용 절감과 관람권 판매를 통한 재정확보가 가능하기 때문에 해외에서는 일찍부터 시즌제가 도입하여 운영되고 있다.

우리나라에서는 먼저 시즌제를 도입한 극장은 LG아트센터(2000년)이고 국공립극장 중에서는 국립극장(2012년) 그리고 세종문화회관(2016년)이 시즌제를 도입했다.

하지만 시즌티켓의 단점으로는 보고싶지 않은 공연도 패키지에 들어 있기 때문에 봐야 한다는 것이다. 그리고 바쁜 일상으로 미리 계획을 세우기가 힘들어지고, 1인가구 증가와 다른 여가활동으로 인해 라이프스타일이 변화하면서 해외에서도 시즌제 수요가 점차 감소하고 싱글티켓을 구입하는 경향이 증가되고 있다. 미국 전국연극인연합단체인 씨어터 커뮤니케이션즈그룹(TCG, Theatre Communication Group)에 따르면 입장료 수입은 크게 시즌회원제도(subscription)로 인한 구입과 개별구입(single ticket)으로 나뉘는데 2013년에서 2017년까지의 입장료 수입을 분석해보면 시즌회원제도를 통한 수입은 2% 증가한 것에 반해, 작품마다 개별구매는 17.9% 증가하였다. 이를 보면 안정적인 재정을 확보하는데 기여한 시즌회원제도가 감소하고 있고 홍보와 마케팅 노력을 필요로 하는 개별구매가 점차 확대되고 있다는 것을 알 수 있다.

미국에서는 1950년대부터 2000년대까지는 예술전반이 꾸준히 성장하였고 관객확보를 위한 적극적인 홍보와 관객개발을 시도하여 시즌제가 안정적으로 자리를 잡았고 가장 중요한 재정의 하나로 인식되고 있다. 하지만 최근에는 적자가 발생하고 있는데 그 원인 중 하나가 바로 시즌티켓의 감소와 개별구매의 증가로 인한 것을 지적하고 있다.

2) 시즌티켓

시즌티켓은 미국 공연장에서 흔히 볼 수 있는 예매제도다. 우리의 정기회원제와는 다른 방식인데, 정기회원제가 일정한 가입비나 연회비를 내면 개별공연 예매시 할인혜택을 받는다면, 시즌티켓제도는 공연장 혹은 공연단체에서 시즌 라인업을 발표하고 라인업에 속한 모든 공연을 선구매하는 관객들을 위해 대폭적인 할인혜택을 제공한다. 이렇게 시즌티켓 판매를 하게 되면 공연장 및 단체에서는 미리 재원조성이 가능하고 충성도 높은 타깃관객을 확보할 수 있게 된다. 관객 또한 높은 할인율을 적용하여 구입할 수 있고 원하는 좌석을 우선 확보할 수 있다.

하지만 시즌티켓을 구입한 관객입장에서는 미리 사놓은 날짜가 다른 일 때문에 못갈 경우 손해가 나기 때문에 부담이 될 수도 있다. 특히 젊은 세대일수록 시즌티켓보다는 개별티켓을 선호한다. 이에 대한 대안으로 패키지티켓을 판매한다. 연극, 무용, 음악 등 장르별 분류를 하거나 작품수로 차등을 두어 각각의 할인율을 매긴다. 공연단체의 경우에는 미리 확정된 일정의 작품들을 묶어 사전에 판매할 수 있다. 한국형 시즌티켓인 패키지티켓 제도를 2000년 처음 도입해 안착시킨 LG아트센터의 성공 이후 많은 공연장과 단체에서 연간 기획공연 패키지티켓을 판매한다.

5. 티켓유통시스템

마케팅 믹스에서 말하는 플레이스(place)는 장소라는 개념으로 넓게 보면 유통이 포함된다. 공연이 유통되는 대표적인 장소는 공연장이 있다. 하지만 관객과 만나 공연이 이루어지는 장소로 더 넓게 해석하는 것이 좋다. 공연장 뿐 아니라 야외무대, 공원, 거리 등 공공적인 공간 그리고 고궁이나 대형 건물 로비, 백화점 로비 등도 공연장소로 활용되는 경우가 있다. 기존공연장의 공간 활용도 다양한데, 인근 직장인들을 위해 공연장 마당을 개방하고 콘서트 공연을 하거나 공연 동호회를 위해 장소를 대관해주는 등 일상생활에서 공연장을 가깝게 접근할 수 있도록 하고 있다. 공연장소를 선택할 때는 공연장 환경의 적합성, 객석규모, 대관료, 주요 타깃관객을 고려해야 한다.

관객이 직접 관람권을 구매하는 티켓유통시스템도 포함된다. 1990년대 후반 티켓링크가 처음 만들어진 이후 최근 국내 티켓 유통시스템은 온라인 기반으로 편리하게 이용이 가능하다. 온라인판매를 위해 공연단체들은 관람권 판매대행사를 이용하여 판매와 홍보의 이중효과를 얻고자 하는데, 문제는 앞으로 더욱 중요해지는 빅데이터마케팅에서 데이터의 주인이 되는 것이 중요하기 때문에 공연단체는 관객데이터 확보를 위한 방법을 고민해야 한다. 공연단체 입장에서 보면 관객에 대한 정확한 정보를 얻을 수 없어 지속적인 관객관리가 어렵게 된다. 그리고 대행사의 수수료가 높을 경우 이에 대한 관객들의 불만이 있을 수 있어 합리적 수수료가 책정되고 있는지 점검해볼 필요가 있다.

1) 자체 시스템 운영과 외부 대행사 활용

인터넷을 통한 사전예매가 보편적인 문화로 자리잡았다. 외부 전문 판매대행 서비스 회사를 통한 운영방법의 경우에는 티켓당 일정액을 수수료로 지급해야 하는 부담이 있지만 티켓발매시스템 구축운영비와 관련 콜센터 등의 인건비 절감이 가능하고 외부 대행사의 자체적인 고객데이터베이스를 활용한 홍보가 가능하다는 이점도 있다.

2) 예약판매와 현장판매

우리의 공연판매 현황을 보면 예약판매가 보현화되어 현장판매를 통한 유통은 많지 않다. 그렇기 때문에 티켓을 효율적으로 배포하기 위한 공연장 매표소 운영이 중요하다. 자칫 관람권 수령 대기시간이 길어지면 공연시작 시간에 차질이 빚어지기도 한다. 그러므로 예매경로 중 특정 예매처에 구매자가 몰릴 수 있기 때문에 유연하게 창구를 운영해야 한다.

3) 개인판매와 단체판매

요즘은 점차 단체관람 비중이 높아지므로 기업판매, 학생단체판매, 동호회 중심의 단체 판매 등의 리스트를 구비하고 이들과 지속적으로 교류하면서 관리할 필요가 있다.

공연 홍보마케팅 이슈

공연현장의 다양한 할인정책

●주머니 사정이 가벼운 학생을 위해

대다수의 극장과 공연제작사들은 모두 만 24세의 청소년에게 할인율을 제공한다. 꼭 기억할 사항은 학생증을 챙길 것! 하지만 최근 취업난과 장기 휴학 등 다양한 사유로 학교에 남아 있는 학생들이 많아지면서 학생할인에도 학번제한이 생겼으므로 꼭 확인을 한다.

국공립극장의 청소년할인제도

국립극장의 '문화패스', 예술의전당 '싹틔우미 할인', 국립극단 '푸른티켓' 등은 모두 만 24세 미만의 청소년에게 제공되는 극장별 할인제도다. 예술의전당의 경우 보통 대관공연을 제외한 기획공연에 한해 이러한 할인제도가 운용되며, 일부 인기 공연의 경우 기획사마다 '일일 선착순 50매' 등의 조건을 내걸어 싹틔우미 할인을 진행하기도 한다.

이 중 예술의전당의 '당일할인티켓'과 국립극단의 '푸른티켓'이 대표적이다. '당일할인티켓'이란 공연 당일까지 판매되지 않은 티켓에 한해 만 24세 미만의 청소년 회원들에게 당일 공연티켓을 매우 저렴하게 판매하는 제도로, 3만 원을 초과하는 티켓은 일괄적으로 1만 원에, 3만 원 이하의 티켓은 모두 5천 원에 판매된다. 기본적으로 예술의전당은 자체 기획공연에 한해 만 24세 미만의 회원들에게 모두 40%의 할인율을 적용해주지만, 그럼에도 불구하고 티켓값이 비교적 비싼 공연이라면 시도해보기 좋은 제도다. 국립극단의 '푸른티켓'은 국립극단이 신세계면세점의 후원을 받아 운영하는 티켓 할인제도로, 만 24세 미만의 청소년에게는 본래 티켓가격에 상관없이 모든 공연을 일괄적으로 '1만 2천원'에 판매한다. 공연별 할당 매수가 정해져있기에 인기공연의 경우 보통 티켓 오픈 당일 마감되는 경우가 많다. 그 외에도 국립극단은 만 24세 미만의 청소년들에게 대다수의 공연에 50% 할인 정책을 제공하고 있다. 1020 세대를 위해 통 큰 할인제도를 적용해주는 극장도 있다. 바로 '10대 할인'과 '20대 할인' 제도를 도입한 두산아트센터다. 근래의 취업난을 고려한 정책

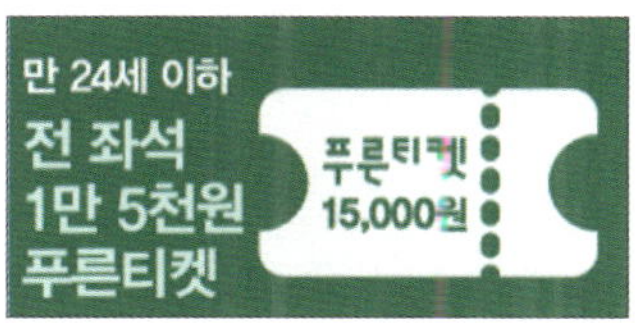

예술의전당 홈페이지 '당일할인티켓' 탭

인지는 알 수 없지만, 두산아트센터는 지난해부터 자체 기획공연과 일부 대관공연에 한해 모든 공연을 10대에게는 1만 원에, 20대에게는 50% 할인해주는 정책을 도입해오고 있다.

●통신사 할인

각 통신사와 카드사에서 할인을 제공하는데 그 중 통신사 KT, BC카드가 가장 다양한 공연에 가장 높은 공연 할인율을 제공한다. 통신사, 카드사별 멤버십 홈페이지나 어플에 들어가 보면 공연 할인뿐 아니라 '만원의 행복', '초대 이벤트' 등 다양한 혜택을 제공하고 있다.

●프리뷰 할인/조기예매 할인/개막기념 할인

보통 대형 뮤지컬이나 창작 신작에서 흔히 볼 수 있는 '프리뷰 할인/조기예매 할인/개막기념 할인'을 하는 것이 보편적이다. 보통 개막일에 앞선 2~3회차 정도를 '프리뷰' 기간으로 설정하고 할인을 제공하는데, 본격적인 공연에 앞서 관객들에게 처음으로 공연을 시연하는 자리인 만큼 각종 돌발사고에 대비하기 위한 준비기간이기도 하다. 그렇기 때문에 할인율을 제공한다. 한편 조기예매 할인이나 개막기념 할인 등은 공연 초반 판매량을 상승시키기 위해 진행하는 할인제도로, 개별 티켓 판매처에서 높은 판매 랭킹을 차지하기 위한 기획사의 세일즈 전략이다. 일반적인 프리뷰 기간의 할인율은 30~40%로, 할인혜택이 많지 않은 인기 뮤지컬도 초반 입소문을 위해 프리뷰 기간이나 개막 초반에 할인율을 제공한다.

Chapter 13

메세나와 협찬제안서 작성방법

1. 기업의 사회적 책임
2. 기업의 문화예술지원
3. 우리나라 메세나
4. 협찬제안서 작성방법

메세나(Mecenat)란 기업들이 이미지 쇄신이나 사회 환원을 목적으로 문화예술 활동을 지원하는 활동을 의미한다. 메세나는 예술, 문화, 과학, 스포츠에 대한 지원은 물론 사회적·인도적 차원에서 이루어지는 공익사업에 대한 지원도 포함한다. 기업들은 이런 메세나 후원을 통해 기업 이미지를 높이면서 장기적인 파급효과를 거둘 수 있다. 메세나라는 이름은 로마제국시대의 아우구투스 황제 시절의 정치가이자 시인인 가이우스 클리니우스 마에케나스(Gaius Clinius Meacenas)의 이름에서 유래가 되었다. 그는 당대의 문화예술인들, 시인 베르길리우스(Publius Vergilius Maro), 호라티우스(Quintus Horatius Flaccus)와 친분을 쌓으면서 재정적으로 지원하면서 문화예술발전에 기여한 인물이다.

1967년 미국에서 기업예술후원회가 발족하면서 메세나라는 용어가 사용되었고 이후 메세나는 기업인들의 지원 및 후원활동을 의미하게 되었다. 1960년대 미국에서는 기업의 사회적 책임(CSR, Corporate Social Responsibility)[1)]에 대한 관심이 높아졌다. 체이스 맨하탄 은행 회장인 D. 록펠러는 이러한 흐름에 맞추어 기업의 사회적 책임에 대한 대안을 제시하기 위해 1967년 기업예술협의회 BCA(The Business Committee for the Arts)를 만들게 되었고, 메세나라는 용어를 이때 처음 사용하게 되었다. 순수예술분야의 지원에서 다양한 장르 지원으로 점차 확산되었으나, 1980년대 미국의 경기가 악화되면서 자선적 기부의 예술지원에서 기업과 문화예술분야가 서로 윈-윈할 수 있는 문화마케팅 영역으로 확산되었다.

기업과 문화예술을 연결하거나 기업의 문화예술지원을 담당하는 기구는 전 세계적으로 만들어지고 있는데 영국은 A&B(Arts & Business, 프랑스는 ADMICAL (Association for the Development of industrial and Commercial Cultural Support) 등이다. 우리는 한국메세나협회(Korea Mecenat Association)라고 부른다.

1) 기업이 이윤을 추구하는데 집중하다가 사회적 문제를 초래하는 사례가 많아지면서 사회에 대한 책임을 인식하고 이를 위해 노력하는 것

문화예술지원과 관련된 용어들을 정리해보면 우리나라에서 가장 많이 쓰는 용어는 협찬과 후원이다. 이에 대한 구분을 정확히 이해하고 홍보물에도 표기해야 한다.

- **협찬**(協贊): 어떤 일에 재정적으로 도움을 주는 것
- **후원**(後援): 뒤에서 도와주는 것
- **기부**(寄附): 자선사업이나 공공사업을 돕기 위하여 돈이나 물건 따위를 대가 없이 내놓음
- **투자**(投資): 이익을 얻기 위하여 어떤 일이나 사업에 자본을 대거나 시간이나 정성을 쏟음

1. 기업의 사회적 책임

기업의 목적은 이윤을 추구하는 것이다. 하지만 이에 따른 윤리와 법을 준수하면서 관련 이해관계자들의 요구에 따라 책임 있게 대응하는 활동으로 사회와 국가에 영향을 미치고 있다.

일반적인 사회적 책임은 네 가지로 ① 이윤극대화로 인한 문제와 고용창출에 대한 경제적 책임, ② 회계, 세금납부, 소비자의 권익보호 등의 법적인 책임, ③ 윤리경영으로 환경, 제품의 안전, 사회약자들을 위한 책임, ④ 이윤을 다시 사회에 환원해서 교육, 문화, 자선 등의 분야에 지원하는 사회공헌으로 나눌 수 있다. 그 중 가장 중요한 몇 가지 사회적 책임에 대해 구체적으로 살펴보고자 한다.

1) 시장실패

시장에서 제품 간 경쟁이 과열되면서 시장의 보이지 않는 손이 제대로 작동하지 못해 자원배분이 효율적으로 이루어지지 않는 것을 시장실패라고 한다. 소수기업이 독점이나 과점을 하는 경우 소수 기업에 의해 상품량과 가격이 좌우되고 이러한 환경은 소비자들에게 불이익을 주게 된다. 이로 인해 이익을 추구하는 기업

들이 다시 사회에 환원하는 사회적 책임에 대한 인식이 확산되고 있다.

2) 외부경제효과

긍정적 효과와 부정적 효과가 있는데, 기업이 경제활동을 하면서 제3의 경제주체들에게 기대하지 않은 혜택을 주거나 손해를 끼치는 효과를 말한다. 부정적 효과에 따른 사회적 책임은 기업의 경제활동으로 인해 발생되는 지역주민들에 대한 피해를 의미한다. 이는 지역의 환경파괴, 자원고갈 등으로 지역주민들에게 영향을 미치게 되어 기업의 사회적 책임을 요구하게 된다.

3) 기업의 대형화

한 기업에 종사하는 종사자와 가족들의 규모가 커지고 기업이 지역경제와 국가경제에 미치는 영향이 커지면서 지역사회나 국가에 큰 영향력을 행사하게 된다. 기업의 이윤추구를 위한 이기적 결정으로 인해 한 지역과 국가에 심각한 경제적 문제를 초래하는 경우 기업의 사회적 책임에 대해 이야기할 수 있다.

2. 기업의 문화예술지원

대부분의 문화예술단체들은 안정적인 수입원을 확보하지 못하고 있고 정부지원에 상당히 의지하고 있는 것이 현실인데 한정된 정부지원은 지속적이지 않다. 따라서 기업의 문화예술지원이 확대되어야 하지만 기업은 경기불황 등 사회경제적 환경에 영향을 받아 이 또한 지속적이지 않고 불안정하다. 우리나라의 경우 개인의 기부문화도 활발하지 않아서 다양한 재원조성이 힘들고 이는 문화예술단체 운영에도 영향을 미치고 있다. 문화예술단체가 기업의 지원을 받기 위해서는 기업이 왜 문화예술을 지원하는지에 대한 명확한 이유를 알아야 한다.

1) 기업이미지

문화예술을 지원할 경우 기업에 대한 긍정적인 이미지를 구축할 수 있다. 특히 기업이 생산하는 상품이 사회적으로 부정적 인식을 가지고 있을 때 문화예술을 활용해서 이미지를 전환시키는 경우가 많다.

(사례)

KT&G의 주력상품은 담배로 세계 5위의 담배기업이다. 2007년 9월 홍대에 복합문화공간인 KT&G 상상마당을 개관하여 비주류 문화예술프로그램과 아티스트를 지원하고 있다. 2011년 6월에는 논산의 한 폐교를 리모델링하여 KT&G 상상마당 논산을 개관하였고 2014년 4월에는 춘천 어린이회관(건축가 故김수근 설계)과 강원체육회관을 인수하여 KT&G 상상마당 춘천을 개관하여 운영하고 있다. 매년 매출액으 2% 정도인 500억 원 정도를 사회공헌활동비로 지출하고 있으며 2015년에 메세나 대상 시상식에서 대통령상을 수상하였다.

2) 기업홍보

언론은 기업에게 호의적이지 않다. 하지만 문화예술을 활용하면 언론노출이 자연스럽게 이루어질 수 있기 때문에 신뢰도가 높은 언론노출은 기업의 매출과 이미지에 긍정적 영향을 미칠 수 있다. 이를 위해서는 기업은 경쟁기업과는 차별된 기획으로 문화예술 프로그램을 진행하는 경우가 많다.

(사례)

대한항공은 기업경영인들의 계속되는 구설수로 좋지 않은 여론이 확산되고 있고 기업 이미지에 타격을 받고 있다. 대한항공은 국내의 대표적인 거리여술축제인 2019 안산거리극축제의 공식항공사로 파트너 협약을 맺고 안산거리극축제 홍노물과 영상 등에 공식항공사로 표기하고 있다. 대한항공은 축제에 참여하는 해외 아티스트들의 항공권과 수화물 운반 등을 지원하였다.

3) 지역사회

기업의 본사, 공장 등이 특정 지역에 기반을 두고 경제활동을 하면서 지역주민들과 원만한 관계형성을 위해서 문화예술을 매개로 하는 경우가 증가하고 있다.

(사례)

GS칼텍스는 2012년 5월 복합문화예술기관인 예울마루와 2019년 예술의 섬 장도를 조성하였다. 1967년 GS칼텍스의 전신인 호남정유(최초민간정유회사)를 여수에 첫 공장을 건립하여 인연을 맺고 있어 여수를 기반으로 성장한 기업으로 사회공헌활동을 펼치고 있다.

4) 고객서비스

기업의 고객을 대상으로 문화예술을 활용하여 서비스를 제공한다. 대상 고객들이 선호하는 공연이나 전시 등에 초대하여 기업의 고객충성도를 높이고자 한다.

5) 직원복지

기업에 대한 직원들의 충성도를 높이고자 직원들과 가족들을 대상으로 공연이나 전시 관람을 제공하거나 직원들의 문화예술 모임들을 지원하는 경우가 이에 해당한다.

3. 우리나라 메세나

우리나라의 기업 메세나 지원건수와 지원금액은 2013년 이후 큰 변화가 없다. 그 이유는 지속적인 경기침체와 저성장으로 문화예술지원에 소극적인 것으로 판단된다. 경제적 환경에 영향을 받는 기업의 메세나활동은 문화예술단체나 예술가 입장에서는 높은 벽을 실감하게 한다. 대부분 대기업 위주로 메세나활동이 이루어지고 있고 중소 및 중견기업은 적극적이지 못한 환경이다. 이러한 환경개선을 위해서는 정부가 제도적으로 뒷받침을 해주어 지속적으로 성장할 수 있도록 해야 한다.

1) 우리나라 메세나 현황

(출처: 2018년도 기업의 문화예술지원 현황 조사, 한국메세나협회)

● 조사기업

국내 매출액 상위 500대 기업 및 기업에서 출연한 문화재단 등 645개사 중 응답한 370개사의 조사결과

● 지원규모

지원기업수는 전년 대비 3.2% 감소하고 지원건수도 5.6% 감소하였지만 지원금액은 전년 대비 5% 증가하였다. 2016년 청탁금지법 시행 이후 기업의 메세나활동은 위축되었다가 다시 회복되고 있다.

● 지원내용

공연시설 인프라에 대한 지원이 가장 높았고 이는 수도권 지역에 신규로 개관하는 문화시설에 대한 지원이 높은 비중을 차지했다. 인프라에 대한 지원은 전년대비 7.0% 증가하였고 기업의 문화예술 지원총액에서 58.6%를 차지하고 있다. 그 다음은 클래식 분야 지원이었는데 전년 대비 0.3% 감소하였다. 꾸준히 증가하는 것은 문화예술교육이다. 전년 대비 39.1% 증가하였다. 2015년부터 기업은 직접 운영하는 문화공간이나 문화재단에서 문화예술교육을 실시하고 있고 특히 소외계층이나 영재발굴을 대상으로 확대되고 있다.

● 지원기간

기업의 문화예술 사업에 대한 지원기간을 살펴보면 1년 미만이 34.4%이고 그 다음은 5년 이상 10년 미만으로 19.4%를 차지하고 있다. 20년 이상은 7.2%로 나타났다.

● 지원유형

기업이 문화예술을 지원하는 유형은 자체적으로 기획하거나 문화예술단체에서 실시하는 공연이나 전시에 직접 협찬과 후원을 통한 지원 등을 하는 것으로 나타난다. 기업이 직접 자체적으로 기획하는 비중이 가장 높아 72.3%를 차지하고 문화예술단체나 문화예술인들이 원하는 기업의 협찬이나 후원은 19.4%에 그치고 있다.

● 기업들이 출연한 문화재단 지원규모

- 삼성: 삼성문화재단(삼성미술관 리움, 호암미술관 운영 외)
- 롯데: 롯데문화재단(롯데콘서트홀, 롯데뮤지엄 외)
- LG: LG연암문화재단(LG아트센터, 청소년진로탐색 꿈꾸는 프로듀서 외 문화공헌사업 등)
- 두산: 두산연강재단(서울·뉴욕 두산갤러리, 두산아트센터 등)
- 금호아시아나: 금호아시아나문화재단(금호아트홀: 음악영재발굴, 금호미술관 등)
- GS 칼텍스: GS칼텍스재단(전남 여수 GS칼텍스 예울마루)
- CJ: CJ문화재단(CJ아지트, 음악·연극·뮤지컬 창작자 지원 외)
- 현대자동차: 현대차정몽구재단(농산어촌 초등학생 예술교육사업, 강원평창 클래식과 국악축제 지원 등)

● 기업의 문화예술 지원사례

- KT&G: 서울, 논산, 춘천 복합문화공간 KT&G 상상마당, 시각예술 및 다원예

술 등 비주류장르 지원

- 현대백화점: 백화점 내 문화홀과 갤러리H
- 현대중공업: 현대예술관, 지역연고 문화예술단체들에게 무대기회 지원

4. 협찬제안서 작성방법

기업마다 문화예술을 지원하는 방향과 방법 그리고 목적이 다르기 때문에 공연의 목적과 공연관객에 맞는 기업을 찾는 것이 가장 중요하다. 또한 그 기업이 왜 문화예술을 지원하는지 명확하게 파악하고 접근하는 것이 효과적일 것이다.

많은 기업들이 문화를 통한 사회공헌 방법인 메세나에 대해 관심은 높아졌지만 아직도 대기업 위주의 활동이 중심이 되고, 경쟁사를 의식한 차별화된 마케팅 전략 중 하나로 진행되기도 한다. 기업의 이익을 최우선으로 두고 1회성의 지원으로 그 효과가 높은 프로그램을 선호하기도 한다. 특히 언론에 주목을 끌 수 있고 사회적으로 좋은 이미지를 줄 수 있기를 바란다. 그리고 아직까지도 대부분의 기업들은 임원들의 관심이나 인맥 그리고 예술가의 유명도에 의한 지원이 주를 이루고 있는 것도 사실이다. 이런 현실에서 기업의 메세나는 역사에 비해 발전 속도가 더디고 한정된 프로그램과 기업들이 메세나 활동을 하고 있다. 그렇기 때문에 기업의 메세나 담당부서도 없는 경우가 많으며 전문성도 부족하여 문화예술에 대한 이해도 낮은 편이다.

반면, 다른 시각에서 보면 기업들이 메세나 활동을 많이 하고 있지 않기 때문에 기업 메세나 활동을 대상으로 할 기업들을 찾고 발굴하여 적극적으로 관계를 맺을 수 있는 기회이기도 하다. 공연예술단체에서는 지역연고, 해당 프로그램 관객과의 연계성 등을 찾아 기업들의 협찬을 보다 확대할 필요가 있다.

1) 기업 협찬을 위한 단계

● 제안 프로그램 분석

- 공연단체 활동지역, 공연장 지역, 공연기획의도, 공연관객(나이, 지역, 예상관객 수), 공연기간, 언론소개자료, 수상내역, 출연자인지도, 공연내용, 무대시설 등

● 기업명단 작성

- 지역, 관객, 공연내용과 연계하여 협찬을 연결할 수 있는 기업들의 명단 작성
- 각 기업들의 연혁, 위치, 직원규모, 재정상태, 주력상품, 임원구성, 기존 문화예술지원내용, 경쟁사 및 경쟁사 문화예술지원내용 정리
- 가장 효과적인 것은 공연단체가 활동하고 있는 지역이나 공연을 할 지역의 관내에 본사를 두거나 공장을 소유하고 있는 기업들을 중점적으로 정리

● 구체적인 협찬내용 정리

- 기업에서 관심가질 수 있는 내용을 정리하여 공연단체에서 제안할 내용 정리
- 지역, CSR, 마케팅, 기업내부 직원들과의 연계성 등을 중점적으로 제안

기업 협찬 유형

- **CSR활동**: 기업의 사회공헌활동에 문화예술을 접목해서 운영
- **마케팅전략**: 기업의 상품과 기업 이미지를 높이기 위해 마케팅활동에 문화예술과 접목해서 운영
- **경영전략**: 기업경영에 필요한 활동, 예를 들어 직원들의 교육과 복지 등에 문화예술을 접목하여 운영

● 협찬담당부서 및 담당자 확인

- 먼저 전화로 확인해보기
- 기업과 만남을 시작할 때는 정중하지만 자신 있게 설명

• 약속시간을 잡고, 약속시간을 지켜서 방문

● 협찬제안서 작성

• 기업이 원하는 방향에 맞춘 협찬제안서 작성
• 기업에게 무엇을 제공할 수 있는지 고민
• 왜 기업이 우리 공연단체에 협찬을 줘야 하는지 설득
• 공연현장사진이나 이전 홍보마케팅 진행사진들을 포함하여 이미지로 설득

● 협찬제안 프레젠테이션

• 기업의 현재 고민이 무엇인지 분석하고 공연을 통해 보완할 수 있는 것을 강조
• 회사와 지역과의 관계에서 공연과 공연단체가 어떤 역할이 가능한지 포함
• 공연과 공연단체가 가지고 있는 특별한 장점에 대해 설명
• 신뢰할 수 있는 공연 및 공연단체라는 언론 및 수상자료 첨부

● 협찬제안내용 협의

• 제안한 내용에 따른 기업의 의견을 들어보고 수용가능한 부분에 대해 협의

● 협찬 세부사항 결정

• 기업과 단체가 서로 협의한 내용에 대해 확인
• 기업과 단체의 담당자 지정
• 기업의 로고 확인

● 협찬내용 실행

• 협의한 내용에 따라 홍보물에 기업로고 게재
• 마케팅 진행 시 기업로고 노출
• 기업지원에 따른 진행사항을 정리하여 담당자와 소통
• 협찬에 대한 관객들의 반응 분석

• 진행사항별 사진자료 및 이미지자료 확보

● **결과보고**

• 공연단체에서 실행한 기업 협찬의 제안내용
• 기업에서 지원한 협찬내용에 대한 실행사항
• 공연횟수, 관객수, 관객거주지역, 관객들의 반응 등
• 공연결과에 대한 전문가 리뷰
• 공연홍보 및 마케팅 결과
• 기업로고 노출에 대한 효과측정
• 협찬진행에서의 장점 및 개선방안 제안

2) 협찬제안서 구성

협찬제안서 표지 (1~2매)	공연이나 공연단체와 연관있는 디자인	흥미와 관심을 유발하는 카피와 소개글 작성
협찬요청 사업의 개요 (1매)	공연개요 • 공연취지, 목적(기획의도), 공연연혁, 주최사, 공연시간, 공연기간	가급적 간결하게 표로 정리
협찬요청 사업 소개 (2매 내외)	공연 프로그램 소개 • 주요 출연자, 주요 제작스태프, 공연장소, 공연내용 등을 소개 최근 공연현장 사진들 • 공연실황, 관객표정, 로비관객, 출연자 등 최근 홍보매체 활용 사진들 • 이전 기업 협찬에 따른 로고노출이 포함된 홍보결과 홍보인쇄물 이미지 • 진행되는 홍보물의 이미지 소개	협찬을 받는 담당자가 이해할 수 있도록 학술적인 용어는 배제하고 간결한 언어로 정리, 국내외 트렌드 분석결과나 관련 보도기사를 덧붙임

단체 및 참여예술가 소개 (2매 내외)	단체 및 참여예술가 프로필 및 사진자료	단체의 조직이나 인력구성, 재정여건, 사업성과 등 간략한 소개로 신뢰감 형성. 단체장이나 예술감독 혹은 주요 참여인사자 소개
제안사항 및 협찬요청사항 (1~2매)	**공연 주요 관객 분석** • 기업과 연계되는 공연관객에 대한 분석 (지역, 나이, 성별 등) • 예상 관람인원(공연횟수와 객석수 그리고 기존 객석점유율을 반영한 관람인원예측) **협찬요청사항** • 기업에 협찬요청사항	지원요청금액 명확히 밝힘
협찬혜택 (1~2매)	**협찬내용에 따른 제공사항** • 기업의 협찬규모에 따른 공연단체 제안내용 세분화 **공연홍보마케팅 내용** • 진행될 홍보 및 마케팅 매체 활용 방법 • 홍보 및 마케팅 매체에서 기업로고 노출 방법	기업직원을 위한 할인혜택 및 방문공연지원 등 혜택 표기
마무리 글 및 담당자 연락처 (1매)	**협찬협의내용 진행일정** • 활용매체에 따른 진행사항	협찬제안서 검토에 대한 감사의 표시

협찬제안서 작성 시 고려사항

- 단체의 신뢰성과 건실한 운영성과를 보여준다.
- 기업과 단체의 상호 공통적인 관심사에 대해 설명한다.
- 기업이 어떤 행사를 선호하는지 파악한다.
- 기업의 잠재고객에 대해 접근할 수 있는 구체적인 사업계획을 보여준다.
- 지원을 통해 기업이 현실적으로 얻을 수 있는 이익을 구체적으로 표현한다.

| 참고문헌 |

공연예술마케팅, 조앤 셰프 번스타인, 임연철·용호성 옮김, 2016
공연계 주목해야 할 키워드 6, 예술경영지원센터, 2019
문화예술 기관의 마케팅, 김영사, 보니타 M. 콜브 지음, 이보아·안성아 옮김, 2004
문화예술 분야 언론홍보 가이드북, 문화체육관광부, 예술경영지원센터
문화예술 스폰서십, 커뮤니케이션북스, 한정원 지음, 2005
문화예술 홍보론, 커뮤니케이션북스. 임연철 지음, 2007
문화예술 PR전략, 이수범 지음, 서울경제경영, 2016
문화예술단체의 재원조성, 용호성·이은옥 지음, 김영사, 2007
문화예술 PR전략, 이수범 지음, 서울경제경영, 2016
밀레니얼-Z세대 트렌드 2020, 대학내일20대연구소 지음, 위즈덤하우스, 2019
4차 산업혁명과 마케팅, 강미선·김운한 지음, 커뮤니케이션북스, 2020
4차 산업혁명시대 온라인 생존마케팅, 안희곤 지음, 리텍 콘텐츠, 2018
예술을 경영하라, RHK, 윌리엄 번스 지음, 송성완 옮김, 2013
예술경영학, 공연기획개론, 이은미, 도서출판 청람, 2016
예술의 공연 매니지먼트, 이인권 지음, 어드북스, 2009
예술경영, 용호성 지음, 김영사, 2018
전석매진, 필립 코틀러, 조앤 셰프 지음, 용호성 옮김, 김영사 2010
현장 문화예술 홍보, 커뮤니케이션북스, 정재왈 외, 2007
90년생이 온다, 임홍택 지음, Whalebooks, 2019
2019 국민문화예술활동조사, 문화체육관광부, 2019
2019 공연예술실태조사. 문화체육관광부, 2019

| 찾아보기 |

| 저자약력 |

이은미

현재 백석예술대학교 공연예술학부 공연기획연출 전공에서 교수로 재직하면서 예술경영분야 연구와 지방자치단체 문화재단들의 공연예술분야 공공지원사업 심의 및 평가위원으로 활동하고 있다. 2020년부터는 (재)서초문화재단 이사로 임명되어 예술경영과 공연예술발전을 위하여 현장에 기반을 둔 이론적 체계를 구축하는데 노력하고 있다. 서울예술고등학교와 이화여자대학교에서 음악을 전공하였고, 미국 Drexel 대학교 예술경영(Arts Administration) 석사와 가톨릭 대학에서 경영학 박사학위를 취득하였다. 경기도청 사업소인 경기도문화예술회관에 입사하여 (재)경기도문화의전당을 거치면서 경기도립예술단과 공연장 기획 및 제작공연 등의 공연장 제작공연과 기획공연 그리고 경기도립예술단 운영 등의 업무경력이 있다

저서로는 〈예술경영학공연기획실무〉(2012)가 있다.

eunmee222@gmail.com

최여정

(재)경기도문화의전당 공채 1기로 입사하여 공연장으로 출퇴근을 시작했다. 문화계를 달군 대학로의 '연극열전'에서 '연극'과 '흥행'을 놓고 고민하며 다양한 공연홍보마케팅 사례로 주목받았다. 서울문화재단 남산예술센터에서는 한국 창작 연극을 알리는 일을 하며 공연마케팅과 경영학의 브랜드 접목을 위해 경희대학교 경영대학원에서 브랜드매니지먼트 석사 학위를 취득했다. 국립아시아문화전당, '2015-2016 한-불 상호교류의 해' 예술경영지원센터 사무국을 거쳐 현재는 DMZ국제다큐멘터리영화제에서 일하면서 다양한 문화현장 경험을 바탕으로 대중적으로 알리는 글을 쓰고 있다.

저서로는 〈셰익스피어처럼 걸었다〉(2018 문학나눔도서 선정)와 〈이럴 때, 연극〉(2019 우수출판컨텐츠 제작지원 사업 선정)이 있다.

salut0629@gmail.com

공연홍보마케팅 매뉴얼 A to Z

2020년 8월 20일 1판 1쇄 인쇄
2020년 8월 25일 1판 1쇄 발행

저　자 | 이은미 · 최여정
발행인 | 이수영
발행처 | 도서출판 청람
서울시 마포구 독막로 288(대흥동, 서양상가 109호)
전　화 | 02)3272-2601~2
팩　스 | 02)3272-2603
이메일 | crbooks@daum.net
홈페이지 | http://www.crbooks.co.kr
등　록 | 2000.8.26 제6-0509호

ISBN 978-89-5972-771-1 93320　　[정가 18,000원]